게리 채프먼 · 폴 화이트 지음 | 송경근 옮김

생명의말씀사

THE FIVE LANGUAGES OF APPRECIATION IN THE WORKPLACE
by Dr. Gary Chapman and Dr. Paul White

This book was first published in the United States by Northfield Publishing,
820 N. LaSalle Blvd., Chicago, Illinois, 60610, with the title
The Five Love Languages of Appreciation in the Workplace
Copyright ⓒ 2011 by Gary Chapman and Paul White
All rights reserved.

Korean Edition published by Word of Life Press, Seoul 2012
Translated and published by permission.
Printed in Korea.

5가지 칭찬의 언어

ⓒ **생명의말씀사** 2012

2012년 1월 30일 1판 1쇄 발행
2022년 5월 23일　　　 8쇄 발행

펴낸이 | 김창영
펴낸곳 | 생명의말씀사

등록 | 1962. 1. 10. No.300-1962-1
주소 | 서울시 종로구 경희궁1길 6 (03176)
전화 | 02)738-6555(본사) · 02)3159-7979(영업)
팩스 | 02)739-3824(본사) · 080-022-8585(영업)

기획편집 | 정순화, 김지혜
디자인 | 박소정, 최윤창
인쇄 | 영진문원
제본 | 보경문화사

ISBN 978-89-04-15971-0 (03230)

저작권자의 허락없이 이 책의 일부 또는 전체를
무단 복제, 전재, 발췌하면 저작권법에 의해 처벌을 받습니다.

The Five Languages of

contents

머리말 | 7

Part 1 칭찬의 언어란 무엇인가?

chapter 1 칭찬을 통한 동기부여 | 15

chapter 2 칭찬의 언어 no.1 인정하는 말 | 23

chapter 3 칭찬의 언어 no.2 함께하는 시간 | 36

chapter 4 칭찬의 언어 no.3 봉사 | 50

chapter 5 칭찬의 언어 no.4 선물 | 61

chapter 6 칭찬의 언어 no.5 스킨십 | 70

Part 2 나의 칭찬의 언어 적용하기

chapter 7 나의 칭찬의 언어 찾기 | 85

chapter 8 자신에게 가장 덜 중요한 칭찬의 언어 | 98

chapter 9 시간이 지나면 칭찬의 언어가 바뀔까? | 107

chapter 10 인정과 칭찬은 어떻게 다른가? | 124

Appreciation in The Workplace

Part 3 꼭 필요한 리더들의 칭찬 언어

chapter 11 칭찬과 격려는 과연 효과적인가? | 133

chapter 12 왜 칭찬이 어려운가? | 147

chapter 13 칭찬할 수 없을 때는 어떻게 해야 하나? | 163

chapter 14 다양한 분야에서의 칭찬의 언어 | 175

chapter 15 자원봉사 환경에서의 칭찬의 언어 | 186

맺는 말 | 197

부록 1 칭찬 도구함 | 205

부록 2 칭찬을 위한 자기점검 | 227

이 책에 대하여 | 241

주 | 245

머리말

　당신은 직장에서 칭찬받고 있는가? 그렇다면 매일 출근하는 발걸음이 즐거울 것이다. 하지만 칭찬받지 못한다고 느낀다면, 직장은 그저 당신에게 밥벌이의 수단에 불과할 것이다. 자원봉사자가 아닌 한 우리 모두는 일에 대한 보수를 기대하며, 기왕이면 더 많은 액수를 원한다. 하지만 일에 대한 만족도에서 가장 중요한 항목은 급여 수준이 아니라 일에 대해 합당한 칭찬과 존중을 받는가 하는 점이다. 미국 노동부의 조사에 따르면, 이직하는 사람의 64%는 칭찬을 받지 못해서 회사를 떠난다고 한다.[1] 이처럼 인간의 마음 깊은 곳에는 칭찬받고자 하는 욕구가 있으며, 이 욕구가 충족되지 않으면 직무만족도도 떨어진다.

　이쯤에서 각기 다른 환경에서 일하는 세 사람의 이야기를 한번 들어볼까 한다.

✽ "제가 하는 일의 소중함을 조금이라도 인정해 주었다면, 저는 결코 떠나지 않았을 겁니다." 데이브의 말이다. 이전에 그는 한 부동산 회사의 재무담당 중역을 도왔다. 약 15개월간의 회사 생활 동안 처음에는 개인적으로나 직업적인 성장의 기회 때문에 신이 났지만, 시간이 지나면서 점차 환멸감을 느꼈다. 그 즈음부터 그는 이직을 생각했다. "돈 때문이 아닙니다. 제가 무슨 일을 하든 얼마나 시간과 노력이 소요되든, 단 한 번도 긍정적인 반응을 받아 본 적이 없기 때문입니다. 실수를 했을 때는 즉각 지적을 당했지만, 잘했을 때는 오직 침묵뿐이었습니다."

✽ ✽ 신디는 호쾌하게 웃으며 이렇게 말했다. "제가 칭찬받는 날? 그날은 아마도 퇴직하는 날일 걸요!" 잘나가는 어느 제조회사의 직원 특강 시간에 우리는 직원들에게 '칭찬을 통한 동기부여'(MBA:Motivating by Appreciation) 검사 결과를 나누어 주었다. 신디의 제1 칭찬의 언어는 봉사였는데, 그녀는 특히 업무량이 폭주할 때 도움을 받아 일을 완수하면서 격려 받는 유형이었다.

신디는 회사의 창업자겸 사장을 보좌하는 중역이었다. 그녀는 20년 이상 사장을 위해 일했고, 그 누구보다 사장을 잘 이해하는 사람이었다. 70대인 스티븐스 사장은 비상근으로 일하는 상태였지만, 여행 일정과 개인사를 관리하고 기업의 운영 현황에 대해 시시각각으로 알려 주어야 했기 때문에 신디에게는 할 일이 여전히 너무 많았.

신디의 MBA 검사 결과서에는 '이 사람에게 칭찬이란 과중한 업무로

힘겨워 할 때 도와주는 것'이라고 기록되어 있었다. 이에 신디는 "만약 사장님이 제 일을 돕기 위해 손가락 하나만 까딱해 줬어도, 전 너무 좋아 사장님을 업고 다녔을 거예요"라며 너스레를 떨었다. 그야말로 뼈 있는 농담이었다.

어쨌든 신디는 '좋은 시절을 기다리기'로 마음먹었다. 이미 돈을 벌 만큼 벌어 놓은 데다(그녀는 회사 중역 중 최고 연봉자였다) 정년퇴직이 코앞이었기 때문이다. 그녀는 회사에 가장 불만이 많은 직원에 속했지만 일찍 퇴직할 생각은 없어 보였다. 그래서 몇몇 동료들의 원성을 사고 있었다.

✽ ✽ ✽ "전 여기서 일하는 것이 좋습니다." 타미는 힘주어 말했다. "존스 박사님과 함께 일하는 이곳보다 더 좋은 곳이 있다고는 생각하지 않아요." 그는 눈을 반짝이며 말을 이어 갔다. "물론 존스 박사님은 이런저런 요구가 참 많습니다. 무엇보다 그분은 저희들이 잘하길 원하세요. 환자 수도 대단히 많은데 저희 모두는 최고 수준으로 환자들을 돌보면서 각자의 과업을 완수합니다."

실제로, 검안사인 존스 박사는 효율적으로 일하면서 최상의 의료 서비스를 제공한다는 평을 받고 있다. 또한 그와 함께 일하고자 하는 젊은 이들이 줄을 섰다는 소문도 자자하다.

"여기서 일하는 게 왜 그리 좋습니까?"

"잘 대해 주시기 때문이죠. 일의 강도가 높지만, 존스 박사님이 늘 저희를 존중해 주신다는 느낌이 들어요."

"좀 더 구체적으로 말해 주세요. 그분의 어떤 행동이 당신에게 존중감을 선사하나요?"

"첫째, 매주 직원회의를 열어 사무실에서 진행되는 일들을 토의합니다. 잘하는 점과 문제점을 서로 논의하는 것이죠. 또한 일을 더 잘하게 할 방법들에 대해서도 이야기를 나눕니다. 한편 존스 박사님은 매월 한 차례씩 직원들에게 점심 식사를 대접하는데, 이때 점심 식사를 위해 별도로 30분을 더 할애하세요. 이 시간에는 저희들에게 전공 분야의 새로운 연구 결과나 기법들을 알려 주십니다.

또 크리스마스 때는 유급 휴일과 함께 몇 백 달러짜리 상품권도 주십니다. 무엇보다 그분은 늘 긍정적인 마인드로 저희를 격려합니다. 개개인뿐 아니라 팀 전체를 칭찬해 주세요. 아무리 많은 급여를 준다고 할지라도, 전 다른 곳으로 옮길 생각이 없습니다."

5가지 사랑의 언어, 일터로 가다

이것은 일터에서의 칭찬의 영향력을 보여 주는 생생한 사례들이다. 이런 일은 수많은 직장에서 지금도 거듭되고 있다. 문제는 한 사람이 칭찬받았다고 느끼는 그 방식이 반드시 다른 사람에게도 동일하게 적용되지 못한다는 점이다. 즉, 동일한 칭찬에도 받아들이는 사람에 따라 반응이 달라질 수 있다는 것이다. 그래서 칭찬을 중요하게 여기는 회사에서도, 칭찬에 들이는 노력에 비해 그 효과는 미비한 경우가 많다.

『5가지 사랑의 언어』(생명의말씀사)가 수백만 사람들의 대인 관계에 미친 막대한 영향력 그리고 칭찬과 격려의 효과적인 전달이 일터에 미치는 중요성 때문에, 우리는 이 개념을 일터에서의 인간관계에도 적용하는 연구를 진행했다. 이 책의 목적은 다음과 같다.

1. 칭찬의 언어라는 개념을 소개한다. 즉 칭찬의 언어란 무엇이며 일상생활에서 어떻게 나타나는가를 실제적으로 설명한다.

2. MBA 검사를 통해 자신의 제1, 제2 칭찬의 언어와 가장 덜 중요하게 여기는 칭찬의 언어를 확인하도록 돕는다.

3. 칭찬의 언어가 일터에서의 인간관계 개선에 어떻게 사용될 수 있는지 이해하게 한다.

4. 이 원리들을 일상생활에 적용할 수 있도록 도구와 힌트를 준다.

The Five Languages of Appreciation
in The Workplace

Part 1
칭찬의 언어란 무엇인가?

1 ｜ 칭찬을 통한 동기부여
2 ｜ 칭찬의 언어 no.1 인정하는 말
3 ｜ 칭찬의 언어 no.2 함께하는 시간
4 ｜ 칭찬의 언어 no.3 봉사
5 ｜ 칭찬의 언어 no.4 선물
6 ｜ 칭찬의 언어 no.5 스킨십

chapter 1
칭찬을 통한 동기부여

나는 대규모 비영리 단체에서 근무하는 친구와 저녁 식사를 하면서 우리가 수행 중인 '칭찬을 통한 동기부여'(MBA:Motivating by Appreciation) 프로젝트에 대해 이야기했다. 설명을 마치면서 나는 "자네 일에 대해 사적인 질문을 해도 될까?"라고 물었다.

"좋아."

"자넨 직속 상급자로부터 어느 정도 칭찬받는다고 생각하나? 0점에서 10점 중 어느 정도인 것 같아?"

"음, 대략 5점 정도."

친구의 목소리엔 실망감이 묻어 있었다. 뒤이어 나는 두 번째 질문을 했다.

"그럼 동료들에게는 몇 점 정도의 칭찬을 받는다고 생각해?"
"대략 8점."
"자네 팀의 동료는 몇 명인데?"
"2명이야."
"그럼 그 2명의 점수가 서로 비슷한가?"
"아니, 한 사람은 6점이고, 다른 이는 9점이야. 그래서 대략 8점이라고 말한 거지."

당신은 몇 점짜리 동료인가? 그리고 당신에 대한 상급자의 칭찬 점수는 몇 점 정도인가? 연구 결과에 따르면, 직원들이 상급자로부터 칭찬받는 점수와 동료들로부터 칭찬받는 점수 차는 불과 1~2점이라고 한다.[1] 그리고 대부분의 사람들은 자신이 받는 칭찬 점수가 늘어난다면 현재보다 더 행복해질 것이라고 말했다. 이처럼 당신이 상급자이거나 일반 사원이거나에 상관없이, 함께 일하는 사람들을 효과적으로 칭찬하는 일은 매우 중요하다.

그렇다면 일터에서의 칭찬이 왜 그렇게 중요한 걸까? 우리 모두는 자기가 하는 일을 인정받기 원한다. 상급자나 동료로부터 자기의 일을 인정받지 못하면, 결국 자신을 기계나 소모품처럼 느끼기 시작하는 것이다. 일을 잘하려는 노력을 알아주지 않으면 갈수록 의욕도 떨어진다. 베스트셀러 『성공하는 사람들의 7가지 습관』의 저자인 스티븐 코비는 칭찬받고 싶은 욕구에 강력히 공감하면서 이렇게 말한다. "육체적 생존 다음으로 사람들에게 가장 큰 욕구는 이해 받고, 지지 받고, 정당성을 입증 받고, 인정받고 싶은 심리적 생존 욕구다."2)

인간관계에 칭찬의 요소가 없으면 결과는 뻔하다. 예컨대 다음과 같은 일이 발생하기 쉽다.

- 직원들은 동료뿐 아니라 조직의 사명에 대해서도 연대감이 부족해진다.
- 직원들이 점점 의욕을 잃고, "해야 할 일은 계속 많아지는데 내 역할을 인정해 주는 사람은 없다"고 생각한다.
- 직원들이 자신의 일과 동료들, 상급자들에 대해 불평한다.
- 마침내 직원들은 조직을 떠날 생각을 하고, 다른 직장을 찾기 시작한다.

감사 캠페인은 왜 효과가 없는가?

칭찬하기는 쉽고 간단해 보인다. 물론 실제로 여러 면에서 그렇다. 단, 다른 사람을 효과적으로 칭찬하려면 이 세 가지를 반드시 염두에 두어야 한다.

첫째, 조직 전체를 포괄적으로 칭찬하는 것은 효과가 없다. 인정과 격려가 효과를 발휘하려면 개별 성과를 개인적으로 칭찬해야 한다. 바로 이런 이유에서 회사 전체를 대상으로 한 칭찬 캠페인이 별 효과를 거두지 못하는 것이다. 여러 회사에서 이런 유형의 칭찬은 기대와는 상반된 결과를 가져왔고, 심지어 부정적인 반응까지 불러일으켰다.

직원들은 상급자들의 지시, 즉 "일주일에 한 번 이상 팀원 모두를 칭찬하기"와 같이 일방적으로 시행되는 프로그램에 대단히 회의적이다. 칭찬과 존중을 표하는 일에는 진정성이 있어야 하며, 의무감에서 칭찬하거나 칭찬받는 일은 효과가 없다.

둘째, 칭찬의 효과가 나타나려면 받는 사람의 입장이 우선되어야 한다. 직장 내 팀원들의 제1의 칭찬 언어는 제각각이다. 그러므로 리더라면 어떤 칭찬이 팀원 각자에게 효과적인지를 먼저 알아야 한다. 이를 위해 우리는 MBA 검사 도구와 함께 각 칭찬의 언어를 행위화하는 구체적인 '행동 항목'을 개발했다. 즉, 리더들이 팀원들에게 가장 효과적인 칭찬을 할 수 있도록 적확하고 개별화된 행동 양식을 제공했다.[3)]

셋째, 직원들은 상급자가 자신을 인정하거나 정서적으로 지지한다고 느끼지 못하면 그만큼 "탈진하기" 쉽다. 이에 대한 심각한 연구 결과도 있다. 특히 현재와 같은 경제 상황에서 기업들은 직원 수를 줄여야 하며 승진과 금전적 보상을 늦추거나 멈춰야 하는 반면 직원들에 대한 요구는 그 어느 때보다 커지는 실정이다. 따라서 직원들의 사기가 떨어지는 것도 당연하다. 갈수록 많아지는 일과 줄어드는 지원, 축소되는 금전적 보상, 그리고 미래에 대한 공포 등이 결합하여 직원들을 불안하게 만드는 것이다.

수많은 조직들이 직원들을 격려하고 뛰어난 성과에 대해 보상할 방법을 찾고 있다. 그리고 그간의 관찰 결과, 우리는 금전적 보상에 큰 효력이 없음을 알게 되었다. 특히 정부와 학교, 사회봉사 기관, 비영리 조직 등에서 이런 현상이 두드러진다.

다만 리더들에게 한 가닥 좋은 소식이 있다. 즉, 리더들이 팀원들을 적극적으로 칭찬하고 인정해 주면, 근무 환경 전체가 개선된다. 그 결과 팀원들이 업무를 더욱 즐기게 될 것이다. 칭찬하는 분위기에서 일하고 싶은 것은 모두의 바람이기 때문이다.

칭찬이 과녁을 벗어날 때

모든 사람은 제1, 제2 칭찬의 언어(자신이 칭찬받았다고 느끼게 하는 언어, 편집자 주)를 가지고 있다. 보통 사람들은 여러 언어로 전달되는 칭찬을 받아들이기는 하나, 자신의 제1 언어로 전달되지 않으면 진심어린 격려를 받았다고 생각하지 않는다. 그래서 칭찬이 그의 제1 언어가 아닌 다른 언어로 반복 전달될 경우에는 칭찬의 의도가 "과녁을 벗어나고" 발신자는 자신이 원하는 결과를 얻지 못한다.

이처럼 사람은 누구나 자신에게 가장 의미 있는 방식으로 다른 이들과 소통하려는 경향이 있다. 즉, 누구나 "자신의 언어"로 말하는 것이다. 그러나 아무리 선한 의도라 하더라도 상대방의 칭찬의 언어를 사용하지 않으면 자신에게만 의미 있을 뿐 상대에게는 별 의미 없는 메시지가 전달되고 만다.

한 가지 예를 살펴보자. 엘렌은 자기 부서에서 판매뿐만 아니라 고객 서비스에서도 늘 탁월한 사원이다. 분기회의 때마다, 리더는 그녀를 칭찬하고 상을 주기 위해 호명한다. 그러나 사실 엘렌에겐 이 일이 고문과도 같다. 그녀는 사람들 앞에 나서는 것이 싫고 대중의 관심도 원치 않기 때문이다. 엘렌에게 힘이 되는 것은 정기적으로 상급자와 함께 고객 서비스 향상 방법에 대한 아이디어를 나누는 일이다. 다시 말해, 엘렌의 제1 칭찬의 언어는 '함께하는 시간'이지 '인정하는 말'이 아닌 것이다. 오히려 공적인 자리에서 베푸는 칭찬은 엘렌에게 곤혹스럽고 부정적인 효과를 초래한다. 엘렌은 공적 보상이 전혀 달갑지 않다.

이처럼 잘못된 의사소통 과정은 발신자와 수신자 모두에게 좌절을 안긴다. 비슷한 맥락에서, 다음과 같은 예도 숙고해 볼 필요가 있다.

"도대체 뭐가 문제야?" 클라라는 동료에게 물었다.

"마이크에게 일을 아주 잘한다고 칭찬했어. 그가 프로젝트를 위해 야근을 마다하지 않는다는 사실을 알았고, 이 점을 칭찬하려고 이번 주말 양키스 팀의 경기 티켓을 사 주었거든. 그런데도 그는 침울하게 서성거리면서 짐에게 경영진이 자신을 인정해 주지 않는다고 말했다잖아. 도대체 뭘 더 원하는 거지?"

마이크는 팀 동료들이 프로젝트를 잘하도록 도와주기 원했다. 필요하다면 혼자 일할 수도 있지만, 그러기를 꼭 원치는 않았다. 그는 헌신을 중요하게 여기는 유형이다. 따라서 동료나 상급자가 함께 밤늦게까지 있어 주면서 자신을 도울 때 마이크는 가장 크게 격려 받는다. 따라서 그에게 "고마워"라고 말하거나 어떤 선물을 주는 것만으로는 칭찬받고 싶은 정서적인 욕구가 충족되지 않는다.

좀 더 쉬운 예로, 우리의 신체적 욕구를 예로 들어보자. 우리는 목이 마르고 배가 고프거나 피곤하다고 느낄 수 있다. 그런데 누군가 때를 포착하여 우리에게 필요하다고 생각하는 것들을 준다고 가정하자. 당신은 목이 말라 물이 필요한데, 그는 쉴 의자를 권한다. 물론 그의 의도는 선하나 그 행동이 당신의 목마름을 해결해 주지는 않는다.

혹은 당신이 온종일 밖에서 일해 극도로 지쳐 있는데 친구가 간식만 주고 쉴 자리는 권하지 않는다면, 그 음식으로 인해 에너지 보충은 되지만 원하는 만큼 쉴 수는 없을 것이다. 칭찬 역시 마찬가지다. 선한 의도에서 비롯됐다 하더라도 동료에게 별 의미 없는 방식의 격려 행위나 칭찬은 그의 인정받고자 하는 욕구를 충족시키지 못한다.

누가 MBA 개념을 사용할 수 있는가?

이 연구를 시작하면서 우리는, 직원들과의 관계 향상을 위해 MBA(칭찬을 통한 동기부여) 원칙을 도입하는 상급자들을 마음속에 그렸다. 하지만 정작 다양한 조직들(영리/비영리 조직, 다양한 산업체들)을 대상으로 현장 테스트를 했을 때 대단히 흥미로운 반응을 목격했다. 즉, 동료를 격려하고 칭찬하는 개념은 거의 모든 분야에서 소중하게 여겨지고 있었던 것이다. 반복적이고도 지속적으로, 팀원들은 상급자와의 관계에서 뿐 아니라 동료와의 관계에서도 이 개념을 사용하고자 했다. 이에 우리는 직무와 상관없이 사람들은 칭찬하고 칭찬받기 원한다고 결론 내렸다.

이 결과를 우리는 책의 구성에도 반영했다. 책을 읽는 동안 독자들은 용어(상급자, 경영자, 리더, 동료, 팀원)와 사례들이 직급에 따라 번갈아 사용되는 것을 확인할 것이다. 이렇게 함으로써 우리는 이 원칙들이 어떤 유형의 관계에서든 직급과 상관없이 적용될 수 있음을 드러내고자 했다.

바로 이 메시지가 이 책의 주된 내용이다. 일하는 사람(유급직이든 자원봉사이든)이 자신의 일을 즐기고 최선을 다하며 장기간 지속적으로 일하려면, 칭찬받는다고 느낄 필요가 있다고 우리는 믿는다. 자신이 격려 받는 방법과 동료들이 격려 받는 방법을 이해하면, 일터에서의 관계가 획기적으로 증진될 수 있고 직무만족도도 증가하며 더 긍정적인 근무 환경이 조성될 것이다. 우리의 목적은 독자들이 이런 지식을 얻어 자신의 일터에서 실제적으로 적용할 수 있도록 도구와 자원 그리고 정보를 제공하는 데 있다.

혹시 칭찬의 언어에 대해 알려는 의욕이 떨어진다면, 이 책의 부록인 <칭찬 도구함>이나 관련 웹사이트(appeciationatwork.com/resources)에서 '사람들이 칭찬받고 싶을 때 보내는 신호들' 편을 읽기 바란다. 그만한 수고를 감수할 만큼 이 책의 내용은 필수적이다. 또한 "당신의 일터는 얼마나 역기능적인가?"(How Dysfunctional Is Your Workplace?)라는 제목의 사이트에서 설문 조사에 응해 보는 것도 좋겠다.

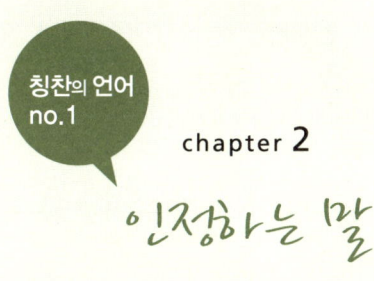

chapter 2

인정하는 말

  짐 레너드는 거의 모든 사람들이 좋아한다. 그는 사교적이고 긍정적이며 매력적이다. 회사에서는 탁월한 세일즈맨으로서 항상 활력이 넘친다. 그는 지속적으로 새 일을 구상해 왔고 경제적으로도 꽤 성공했다. 하지만 돈은 그에게 중요한 동기부여 수단이 아니다.

  짐은 부적절하거나 정도가 지나치지 않는 한 칭찬을 좋아한다. 그는 자신에 대한 남들의 생각을 중요하게 여긴다. 때문에 고객이 짐에게 "정말로 대단하십니다. 당신의 도움이 없었다면 이 프로젝트를 기간 안에 해낼 수 없었을 겁니다. 진심으로 고맙습니다"라고 말하면 큰 성취감을 느낀다. 그의 상급자가(짐 앞에서) 고객에게 "알다시피, 짐은 우리 회사의 성공에 크게 기여를 하고 있습니다. 그는 고객들을 잘 관리하고,

일을 확실하게 처리합니다"라고 말하면 그는 진정으로 만족한다. 짐에게는 제1 칭찬의 언어가 '인정하는 말'이기 때문이다. 물론 경제적 성공도 좋다. 하지만 인정하는 말이 없으면 짐은 머잖아 다른 회사로 떠나고자 할 것이다.

어떤 말로 인정해야 할까?

'인정하는 말'은 긍정적인 메시지를 전하기 위해 사용하는 언어다. 즉, 어떤 이의 긍정적인 특성을 말로 인정해 주는 것이다. 모든 칭찬의 언어처럼, 여기에도 다양한 형태의 방언, 즉 변형이 있다. 그럼 지금부터 이 칭찬의 언어를 전하는 몇 가지 방법들을 살펴보자.

1. 성취에 대한 인정

인정하는 말로 칭찬하는 가장 쉬운 방법은 말 그대로 '말로써 칭찬하기'다. 일반적으로 칭찬은 업적이나 성취에 초점을 둔다. 그래서 일을 아주 잘했거나 기대치를 충족시켰거나 목표 성과를 뛰어넘었을 경우 칭찬한다. 이것이 바로 앞서 짐이 선호한 칭찬 방식이다.

사실 일터에서 이런 칭찬 방식은 아주 흔하다. 직원이나 자원봉사자가 조직의 목표 달성에 커다란 공헌을 했다면, 그들이 한 일에 대해 칭찬하는 것은 지극히 당연한 일이다. 일반적으로 칭찬의 말은 어떤 특정 사건에 초점을 맞추는데, 예를 들자면 이런 식이다.

"탐, 오늘 보고서는 정말 훌륭해. 제품 믹스에 국제적인 요소를 도입한 아이디어가 아주 맘에 들어. 안 그래도 그 부분에 더 신경 써야겠다고 생각했거든. 또 한 번 기억나게 해 줘서 정말 고맙네."

이처럼 말로 하는 칭찬은 구체적일수록 더욱 효과적이다. 자원봉사자나 직원이 당신이 원하는 대로 수행했음을 포착할 수 있고, 당사자로 하여금 그 구체적인 일이나 행위에 주목하게 하면 할수록 긍정적인 결과가 다시 도출될 가능성이 높다.

이런 방식의 효과는 행동 연구 분야에서 거듭 증명되었다. 따라서 "밝은 목소리로 고객들의 고민을 도와주는 모습이 아주 좋습니다"라고 상담 직원을 격려하면, 그는 계속해서 밝은 목소리로 전화를 받을 것이다. 또한 자원봉사자에게 "일찍 오셔서 아이들이 도착하면 바로 외출할 수 있게 도와주셔서 감사해요"라고 하는 구체적인 인사가 "감사합니다, 오늘 저녁에 일을 아주 잘해 주셨어요"라는 말보다 훨씬 더 효과적이다.

포괄적인 칭찬(예컨대 "잘하셨어요", "훌륭한 학생이군요" 같은 말)은 듣는 사람들에게 별로 격려가 되지도 않고, 기대하는 긍정적인 행위도 유발시키기 어렵다. 오히려 포괄적인 언급이 사기를 저하시키는 경우도 허다하다. 물론 이 방식이 절대적인 것은 아니다. 성취에 대한 칭찬이 어떤 이들에게는 마음 깊이 다가오지만, 모든 사람들이 다 그렇지는 않기 때문이다. 다음에 이어지는 내용에서처럼, 이와는 다른 방식을 선호하는 이들도 상당히 많다.

2. 품성에 대한 인정

긍정적인 품성은 칭찬받을 만하다. 예컨대 인내심과 용기, 겸손함, 동정심, 용서하는 마음, 정직성, 진실성, 친절함, 사랑, 그리고 이타심 같은 것 말이다. 누구라도 이런 품성들 가운데 몇 가지는 지니고 있을 것이다. 문제는 "당신은 동료의 이런 품성을 칭찬해 본 일이 있는가"이다. 사실 성취에 대해 칭찬하기는 비교적 쉽지만 품성을 인정하는 말을 전하기란 쉽지 않다. 품성은 성과에 주목하는 것을 넘어 상대방의 내면에 초점을 맞추어야 보이기 때문이다. 더욱이 진정한 품성은 아무도 지켜보지 않을 때의 모습을 가리킨다.

이처럼 품성은 특별한 업적처럼 관찰하기가 쉽지 않지만, 장기적으로 업적보다 조직에 훨씬 더 중요한 영향력을 행사하는 부분이다. 따라서 긍정적인 품성을 말로 인정해 주지 않으면, 회사의 가장 큰 자산들 중 하나를 간과하는 것이나 다름없다.

혹시 동료의 품성을 말로 인정해 준 기억이 없는가? 그럼 바로 지난해를 돌아보면서 당신이 경험한 품성 몇 가지를 떠올려 보기 바란다. 그 후에는 그 품성들을 기록하고, 그를 인정하는 표현을 생각해 보라. 예를 들면, 이렇게 말할 수 있다. "존, 당신이 진실한 사람이어서 진심으로 고맙습니다. 당신을 믿고 재정을 맡길 수 있다는 게 얼마나 안심이 되는지 모릅니다." 혹은 이런 표현도 있다. "당신은 놀라울 정도로 인정이 많은 분입니다. 저는 당신이 화난 사람들을 대하는 모습을 지켜보면서, 그들의 관점을 이해하려고 애쓰는 모습에 감동했습니다. 그 모습을 보니 진심어린 칭찬을 하지 않을 수 없군요." 일단 인정하는 말을 생각했다면, 자연스레 말할 수 있을 때까지 몇 번이고 읽어 보라. 그런 후에는 상대의 품성을 말로 인정해 줄 기회를 찾으라.

어떤 사람들에게는 그 자신의 품성을 인정받는 말이 최고의 칭찬이 된다. 이것이 곧 '인정하는 말'의 또 다른 변형이다. 언젠가 론은 이렇게 고백한 적이 있다. "오늘은 이 회사 근무 15년 동안 가장 의미 있는 날입니다. 제 상급자가 제게 이렇게 말해 주었기 때문입니다. '론, 이제껏 한 번도 말하지 않았지만 난 자네를 존경하네. 자네는 내가 만난 사람들 가운데 가장 친절한 사람이야. 동료들이 과중한 일로 힘들어 할 때 팔을 걷어붙이고 돕는 것을 보았어. 자네의 업무가 아니었는데도 말이지.' 그 말을 듣고서 저는 어쩔 줄 몰랐습니다. 그저 '감사합니다'라는 말밖에 더 할 말이 없었어요. 저녁 때 집에 돌아가 그 말을 아내에게 했더니 아내가 그러더군요. '그분이 잘 봤네요. 그래요. 당신은 내가 지금껏 만났던 사람 중에 가장 친절한 사람이에요.' 와! 저는 정말 오늘을 결코 잊을 수 없을 겁니다."

세상에는 론처럼 자신의 품성에 초점을 맞춰 칭찬해 주는 데 만족하는 사람들이 아주 많다. 그들에겐 이것이 제1 칭찬의 언어다.

3. 성격에 대한 인정

칭찬하는 말의 또 다른 변형은 성격적 특성들에 초점을 맞춘 말이다. 성격은 삶에 접근하는 방식을 나타낸다. 사람들의 긍정적 혹은 부정적 성격을 파악하도록 도와주는 성격 프로파일이 얼마나 많은가. 자신의 성격 유형을 이해하면, 강점은 살리고 약점은 보완하는 방법을 배울 수 있다. 성격을 묘사하는 단어들에는 다음과 같은 것들이 있다.

- 긍정적이다 : 부정적이다
- 적극적이다 : 수동적이다
- 깔끔하다 : 지저분하다
- 계획적이다 : 즉흥적이다
- 논리적이다 : 직관적이다

동료의 긍정적인 성격 특성을 관찰하여 말로 인정해 주면, 그 사람은 자신의 강점을 살리는 데 도움 받는 셈이다. 바로 그 말로 인해, 칭찬받는 느낌을 전달 받기 때문이다. 다음은 긍정적인 성격 특성들에 초점을 맞춘 칭찬의 말들이다.

- 당신을 좋아하는 이유는 항상 긍정적이기 때문입니다. 가끔 낙심될 때 당신과 대화를 나누면 긍정적으로 바뀝니다. 그 점을 항상 고맙게 생각합니다.

- 당신의 사무실에 들어설 때마다 항상 도전을 받습니다. 책상이 늘 깨끗하게 정돈되어 있는 것을 보면 저 역시 그렇게 하고 싶은 마음이 듭니다.

- 우리 부서에는 말만 앞세우는 사람들이 많지만, 당신은 일을 해내는 사람입니다. 다른 사람들이 아직 생각하고 있을 때, 당신은 벌써 행동합니다. 그 점이 정말 좋습니다.

- 당신의 직관적인 지혜에 감탄했습니다. 우리는 논리적으로 접근하기 위해 많은 시간을 할애하는 반면에, 당신은 열 번 중 아홉 번은 직관으로 해결하더군요. 그 점을 참 고맙고도 대단하다고 생각합니다.

- 침착한 성격이 지금 하시는 일에 아주 잘 맞는 것 같군요. 고객들이 불만을 토로할 때 신중하게 경청하는 모습을 지켜봤습니다. 고객들의 관점을 충분히 이해하고 나서 답하더군요. 그 점을 진실로 고맙게 생각합니다.

만약 상대의 성격을 칭찬한 기억이 없다면, 이제는 의식적으로 긍정적인 성격 특성들을 찾아서 격려해 보라. 앞으로 2주간 긍정적 성격 특성을 관찰하고 말로 표현하라. 누군가에게는 이것이 칭찬받았다고 느끼도록 하는 제1 칭찬의 언어이니 말이다.

어디서 어떻게 칭찬해야 할까?

칭찬하는 말을 전하는 방법에는 변형들뿐 아니라 그 말을 하게 되는 환경도 다양하다. 이처럼 칭찬에도 어울리는 환경이 있음을 이해해야 제대로 칭찬할 수 있다. 칭찬을 효과적으로 할 수 있는 보편적인 환경들은 다음과 같다.

1. 일대일 상황

직원 한 사람과 개인적으로 나누는 대화는 대단한 격려가 된다. 예컨대 이런 말을 전하라. "빌, 당신이 열심히 일하는 데 대해 고맙게 생각한다는 사실을 알아주기 바랍니다." 이토록 간단한 말도 그 효과는 대단하다. 우리가 개인 면접을 통해 얻은 피드백에 의하면, 사람들은 일대일 상황에서 개인적으로 하는 대화를 가장 중요하게 여겼다. 그만큼 이것은 가장 효과적인 칭찬 방법이다. 이 방식을 사용할 때 대부분의 사람들은 큰 힘을 얻는다.

2. 다른 사람들 앞에서의 칭찬

어떤 사람들은 자신에게 중요한 사람들 앞에서 칭찬받는 것에 자부심을 느낀다. 단순히 공식석상에서가 아니라 상급자나 동료 그리고 고객들 앞에서 잘한 일을 칭찬받으면, 그들은 "나는 당신을 소중하게 생각합니다"라는 의미로 수용한다. 물론 칭찬은 팀 동료들 몇 명이 모이거나 회사 전체가 모인 비공식 모임에서도 할 수 있다.

만약 칭찬의 목적이(회사 정책 실행보다) 개인을 격려하는 데 있다면, 팀원들이 중요하게 여기는 부분들을 이해하는 과정이 선행되어야 한다. 한 연구 결과에 의하면, 사람들은 대규모 모임보다는 소규모 모임에서 전달된 칭찬을 더 소중하게 여긴다.

3. 글로 하는 칭찬

오늘날과 같은 디지털 문화에서는 글로 감사를 표현하는 것이 더 쉽고 실제로도 빈번하다. 프레젠테이션을 준비하기 위해 야근하는 동료에게 이메일이나 문자 메시지를 보내는 데는 1분밖에 시간이 걸리지 않지만, 이 메시지가 그에게는 중요한 격려일 수 있다. 한 상급자는 프레젠테이션 직후 반드시 문자를 보내 칭찬한다고 한다.

한편 손으로 쓴 글은 더 개인적이며 시간과 노력도 많이 들기 때문에 여전히 많은 사람들이 소중하게 생각한다. 한 비영리 단체의 리더는 말로 전하는 칭찬은 단지 좋고, 수없이 받는 이메일 칭찬은 그저 그렇다고 고백하며 다음과 같이 말했다. "전 이메일을 별로 의미 있게 생각하지 않습니다. 하지만 시간을 들여 손으로 쓴 글은 아주 소중하게 생각합니다."

4. 공개적인 칭찬

어떤 사람들은 수줍음을 타지 않는다. 그들은 스포트라이트와 관심, 환호와 함께 자신이 한 일을 공개적으로 칭찬해 주는 것을 좋아한다. 예컨대 그룹 미팅에서 상급자를 일으켜 세워 중대한 과업을 완수한 리더십을 칭찬하면, 목표 달성을 위해 장기간 열심히 일했던 사람들이 더불어 격려 받을 수 있다. 하지만 그런 일이 만족을 주려면 고려해야 할 몇 가지 변수가 있다. 여기에는 '이 이벤트가 계획된 것이었는가, 아니면 갑작스럽게 행해진 것인가' 그리고 '참석자들은 누구인가(조직의 최고 리더들, 직속 상급자들, 친한 동료들, 가족들)' 등이 포함된다. 이 모든 변수들은 중요한 고려사항이며, 칭찬받는 사람이 선호하는 방향으로 진행되어야 한다.

"고맙습니다, 로버츠 양!"

바로 앞의 내용과는 정반대로, 자신이 한 일을 공개적으로 인정받기를 대단히 싫어하는 유형이 있다. 베키 로버츠가 그 전형적인 예다. 베키는 조용한 성격의 40대 후반 여성으로, 교회에서 파트타임으로 일한다. 그는 열정적인 일꾼으로서, 영유아들을 돌보는 일과 매 주일 오전 성인 자원봉사자들을 관리하는 일 외에도 어려운 환경에 처한 싱글맘들까지 돌본다. 베키는 아기 용품(자동차 의자, 일회용 기저귀) 수집을 도와주고, 각종 복지 혜택과 지원들을 받도록 지원하며, 주간 내내 이들의 운전기사 노릇도 한다.

베키가 섬기는 여성들뿐 아니라 목회자들과 직원들 모두가 그녀를 소중히 여기고 칭찬한다. 하지만 다른 사람들에게 칭찬받는 것을 좋아하지 않는 베키는 공개적으로 칭찬받거나 상을 받으면 쩔쩔맨다. 단, 개인적으로 인정하는 말을 들으면 힘이 솟는다. 비록 문법과 철자가 엉망일지라도, 베키는 자신이 섬기는 여성들의 감사 편지를 매우 좋아한다. 그래서 자신이 받은 편지들을 철해 놓은 "격려 파일"을 따로 보관하고 있을 정도다. 피곤하거나 낙심될 때마다, 베키는 그 파일에서 편지를 꺼내 읽으며 용기를 얻는다. 목회자들이나 여성 리더들의 감사 편지도 소중하지만, 특히 일곱 살 난 키샤가 손으로 그린 그림에 "고마워요, 로버츠 아줌마. 사랑해요!"라고 휘갈겨 쓴 메모에서 가장 큰 격려를 받는다.

★ 사람들이 듣고 싶어 하는 칭찬 ★

- 가끔씩 "열심히 일해 주어서 고맙습니다"라고 말해 주십시오.
- 일을 잘했을 때는 이메일을 보내 칭찬해 주십시오.
- 동료들 앞에서 프로젝트에 쏟은 노력을 인정해 주십시오.
- 제가 그 자리에 없을 때 다른 이에게 제 공로를 말씀해 주십시오.
- 제가 무언가 잘했을 때는 제게 구체적으로 칭찬해 주십시오.
- 다른 사람들 앞에서가 아니라 개인적으로 칭찬해 주십시오.
- 손으로 칭찬 편지를 써 주십시오.
- 어려운 상황을 잘 해결한 후에는 격려해 주십시오.
- 저희들이 일을 잘 처리했을 때 팀원 모두를 칭찬해 주십시오.

팀원 전체가 MBA 검사를 할 때 좋은 점은, 동료들이 듣고 싶은 칭찬의 유형뿐 아니라 그런 말을 듣고자 하는 상황까지 모두 알 수 있다는 것이다. 이런 정보를 가지면, 더욱 효과적으로 상대방에게 인정하는 말을 전할 수 있다.

과녁을 빗나간, 공허한 칭찬

칭찬은 좋은 일이지만, 마냥 칭찬한다고 능사는 아니다. 칭찬의 말에는 반드시 진심이 담겨야 한다. 듣는 사람 입장에서 공허하고 진심이 담기지 않았다고 느낀다면, 칭찬의 목적이 달성되지 않은 것이다. 그러나 불행히도 우리는 상대방의 반응을 통제할 수 없고, 그들은 우리의 의도와 동기를 오해할 수도 있다. 그러므로 진심으로 칭찬하고자 할 경우에만 칭찬해야 한다.

칭찬의 말이 더욱 효과를 발휘하려면, 긍정적이고 건강한 관계 가운데 전달되어야 한다. 상대방과 갈등이 있거나 그들의 성공에 질투심이 난다면 칭찬은 가식적으로 해석될 수 있다. 즉, 말투(단조로운 소리, 작은 소리나 빈정거리는 투)나 몸짓(화난 얼굴 표정, 시선 회피 등) 등으로 인해 "말은 이렇게 하지만 진심은 그렇지 않습니다"라는 메시지가 전달될 수 있는 것이다. 따라서 진심으로 칭찬할 수 없다면, 진심으로 할 수 있을 때까지 침묵하는 편이 오히려 낫다.

비극적인 현실

우리가 목격한 가장 큰 비극은 함께 일하는 사람들에게 진심으로 감사하면서도 말로 표현하기를 소홀히 하는 경우였다. 이에 대해서는 내게도 생생한 경험이 있다. 외국의 한 출판사에서 초청 강의를 했을 때였는데, 강의 후 한 남자가 일어나 말했다. "저는 이 회사에서 20년 동안 일하고 있습니다. 일도 꽤 잘했다고 생각합니다. 제 아이디어로 회사가 많은 돈을 벌었으니까요. 하지만 지난 20년 동안 단 한 번도 일을 잘했다는 칭찬을 받지 못했습니다." 그의 뺨에 눈물이 흘러내리는 것이 보였다. 그는 계속해서 말했다. "당신이 20년 전에 우리 회사에 와서 강의해 주셨다면 얼마나 좋았을까요. 이제는 칭찬을 기대하지도 않습니다.

하지만 여전히 속은 상합니다. 지난 20년 동안 단 한 번도 칭찬해 주지 않았다는 게 도대체 말이나 됩니까?" 그의 제1 칭찬의 언어는 인정하는 말인데, 단 한 번도 듣지 못했던 것이다. 그곳을 떠나오면서 나는 그의 의견에 공감하는 직원들이 얼마나 많을까라는 생각이 들었다.

여러분의 직원이나 동료들은 단 한 사람도 이런 일을 겪지 않기를 간절히 부탁한다. 부디 인정하는 말을 전할 기회를 적극적으로 찾아보고, 진심으로 전달하라.

> 칭찬의 언어
> no.2

chapter 3

함께하는 시간

앤 테일러는 멀티 플레이어다. 그녀는 자신이 속한 사립학교에서 주요 이벤트들을 지원한다. 공식 직함은 입학사정관이지만, 동창회 행사뿐만 아니라 연례 모금 행사에서도 뛰어난 역할을 담당하고 있다. 또한 대규모 자원봉사 팀 관리에도 탁월한 능력을 발휘하고 있다.

앤은 일이 끝난 후 동료나 상급자들과 즐겨 어울리는데, 그녀는 자주 "우리 모두가 함께 즐길 필요가 있다고 생각해요"라고 말한다. 그래서 주요한 이벤트를 마무리하고 난 후에는 어김없이 함께 음식을 먹으러 가는 전통을 만들었다. 이제 이 행사는 모두가 고대하는 전통이 되었다. 앤은 자신의 팀원들이 칭찬받는다고 느끼길 원하는 마음에서 이러한 행사를 이끌어가고 있다.

앤을 인터뷰한 후, 우리는 그녀의 제1 칭찬의 언어가 '함께하는 시간'이라고 결론지었다. 그녀가 가장 인정받는다고 느낄 때는, 학장님이 그녀의 사무실에 들어와 "일이 어떻게 진행되는지 이야기해 주실래요"라고 묻는 때다. 이처럼 자신이 수행하는 프로젝트의 진척 상황과 문제점들 그리고 제안거리들을 학장님과 나눌 때 그녀는 가장 크게 격려 받고 인정받는다고 느낀다. 학장님은 아시는지 모르지만, 한 공간에서 나누는 간단한 관심 표현은 앤으로 하여금 자신을 팀의 일원으로 여기며 더욱 분발하도록 만들어 주는 자극제가 된다.

'함께하는 시간'이라는 칭찬의 언어가 강력한 도구임에도, 리더들은 이를 곧잘 오해해 왔다. 과거에는 많은 리더들이 '함께하는 시간'에 대한 직원들의 욕구를 그들 자신과 친구가 되려는 부적절한 욕망이나, 과도한 영향력을 행사하거나 호감을 사기 위한 노력쯤으로 간주했다. 그러나 우리의 연구 결과에 따르면, 제1 칭찬의 언어인 '함께하는 시간'은 결코 그런 것이 아니다. 직원들의 욕구는 단순하다. 그들은 자기 업무의 소중함과 자신의 공헌을 리더가 알고 진심으로 인정해 주기를 원한다. 그리고 자신이 하는 일에 대해 짧지만 진심어린 관심 표현을 접하면 칭찬받았다고 느낀다.

사람마다 다른 칭찬의 언어를 가지고 있음을 아는 리더들은 팀원들에게 개인적인 시간과 관심을 주어야 그들이 자신들의 중요성을 인식한다는 점을 잘 안다. 따라서 팀원들과 함께하는 시간을 갖는 것은 현명한 투자다. 함께하는 시간이 제1 칭찬의 언어인 사람들은, 약간만 함께

해 주어도 인정받는다고 느끼고 조직의 더 큰 목적에 참여한다고 여기며, 프로젝트의 성공을 위해 열심을 다한다.

제이슨은 바로 이런 유형이다. 종합병원의 원무과 관리자인 제이슨은 채용, 회계 관리, 시설 관련 업무를 맡고 있다. 그의 병원에는 한 명의 선임 의사 아래 10명의 의사 그룹과 수십 명의 간호사와 보조자들이 있는데, 제이슨은 특히 슐츠 의사가 진료와 행정 그리고 인턴 관리 등에 능숙하다는 점을 잘 알고 있다. 더불어 제이슨은 슐츠 박사가 매주 시간을 내어 자신과 함께 업무에 대해 의논하는 것을 대단히 고맙게 생각한다. 제이슨은 이렇게 말한다. "저는 슐츠 박사가 정말 바쁘다는 것을 알고 있습니다. 하지만 그녀는 매주 저와 만나 이야기를 나눕니다. 그녀가 만약 그렇게 해 주지 않았다면, 저는 팀의 일원이라고 느끼지 못했을 테고 제가 하는 일이 그녀에게 중요하다고도 느끼지 못했을 겁니다." 이처럼 슐츠 박사가 제이슨에게 투자한 시간은 그에게 동기를 부여하는데 크게 기여하고 있다.

함께하는 시간이란?

함께하는 시간은 상대방에게 온전히 관심을 집중함을 의미한다. 단순히 신체적으로 가까이 있는 것만이 아니다. 많은 사람들이 하루 종일 동료들과 함께 일하지만, 저녁때가 되면 "오늘은 동료들과 함께하는 시간을 갖지 못했다"라고 말한다. 왜 그럴까? 함께하는 시간은 신체적인 가까움이 아니라 개인적인 관심과 주의에 의해 이루어지기 때문이다.

1. 함께하는 대화

'인정하는 말' 처럼 '함께하는 시간' 이라는 칭찬의 언어에도 많은 변형이 있다. 가장 보편적인 변형은 '진정한 대화'다. 진정한 대화란 두 사람이 우호적이고 방해 받지 않은 환경 가운데 생각과 느낌과 바람을 나누는 공감적인 대화를 말한다.

그런데 진정한 대화는 칭찬의 언어 중 하나인 인정하는 말과 전혀 다르다. 인정하는 말이 말하는 데 초점을 맞춘다면, 진정한 대화는 듣는 데 초점을 맞춘다. 진정한 대화는 상대방이 자신의 성취와 좌절, 그리고 제안들을 함께 나눌 수 있도록 안전한 환경을 만들어 주는 것이다. 그래서 질문도 추궁하려는 의도에서가 아니라 상대방의 관심사를 이해하려는 마음에서 묻는다.

많은 리더들은 문제를 분석하고 해결책을 강구하는 훈련을 받았다. 그러다 보니 문제 해결에만 집중하고 관계적 측면을 소홀히 하는 경향이 있다. 그러나 안정된 관계를 위해서는 상대방의 마음속에서 진행 중인 일들을 이해하려는 공감적 경청이 필요하다. 그런데 리더들이 경청 훈련을 별로 받지 않은 탓에 연설과 지시는 잘하지만 경청에는 약한 것이 사실이다.

경청을 배우는 일은 외국어를 배우는 것만큼이나 어렵다. 그럼에도 팀원들이 존중받는 느낌을 갖게 하려면 반드시 경청하는 법을 배워야 한다. 제1 칭찬의 언어가 함께하는 시간인 팀원들에게는 경청이 특히 중요하다. 다행히 요즘에는 경청의 기술에 관한 책이 아주 많이 나와 있다. 여기서 널리 알려진 내용들을 반복하고 싶진 않지만, 그래도 실질적인 지혜 몇 가지를 요약하면 다음과 같다.

- 시선을 마주치라. 천장과 마룻바닥, 창밖이나 컴퓨터 화면을 보고 싶은 유혹을 참으라. 계속해서 상대방의 시선을 마주치면 마음이 분산되는 것을 막을 수 있을 것이다. 더불어 상대방에게 온전히 집중하고 있음을 보여 주는 효과도 있다.

- 들으면서 다른 일을 하지 말라. 많은 사람들은 한꺼번에 여러 가지 일을 하는 것에 자부심을 느낀다. 어느 정도는 대단한 특징이지만, 대화를 나눌 때는 이런 특징이 방해가 된다. 함께하는 시간은 상대방에게 관심을 집중하는 일임을 명심하라. 따라서 즉시 멈출 수 없는 일이 있다면 상대방에게 이렇게 말하라. "저도 당신과 이야기를 나누기 원합니다. 하지만 유감스럽게도 지금은 그렇게 할 수 없습니다. 10분만 주시면 이 일을 끝내고 차분하게 앉아서 경청하고 싶은데 가능하겠습니까?" 아마 대부분은 이 요청에 기꺼이 응해 줄 것이다.

- 생각뿐 아니라 감정도 경청하라. 경청하는 동안 자신에게 물어 보라. '이 사람은 어떤 감정을 느끼고 있을까?' 답을 얻었다는 확신이 들면 확인하라. "승진하지 못해 낙담되고 마음이 아픈 것처럼 보입니다. 맞나요?" 이렇게 말하면 상대방은 자기 감정을 말할 기회를 갖게 된다. 더불어 내가 상대방의 말을 주의 깊게 경청하고 있다는 사실도 전달할 수 있다.

- 상대방의 결론에 동의하지 않는다 할지라도 그들의 감정을 인정하라. 사람

은 감정을 가진 존재다. 상대의 감정을 무시하는 것은 인간의 중요한 부분을 무시하는 것과 같다. 리더가 먼저 팀원에게 "당신이 왜 그렇게 느끼는지 이해할 수 있습니다. 저도 당신의 입장이라면 똑같이 느꼈을 겁니다"라고 말한다면 그 팀원은 "어떻게 해서 그런 결정이 내려졌는지 설명해 주실 수 있나요"라고 말하게 될 것이다. 이렇게 해서 리더와 팀원 간에 정중하고도 감정 교류가 있는 대화가 오갈 수 있다. 당신이 리더라면 팀원들의 감정을 인정하고 친구가 되어 주라. 그러면 팀원은 당신의 설명에 귀 기울일 가능성이 높다.

- 몸짓언어(보디랭귀지)를 관찰하라. 꽉 진 주먹, 떨고 있는 손, 눈물, 찡그린 눈썹, 그리고 빠른 눈 놀림 등은 상대방의 격한 감정을 보여 주는 단서일 수 있다. 때로는 말과 보디랭귀지가 서로 다른 메시지를 보내기도 한다. 그런 경우에는 상대방에게 생각과 느낌을 분명하게 해 줄 것을 요청해야 한다.

- 말하는 데 끼어들지 말라. 최근의 연구 결과에 의하면, 대부분의 사람들은 17초 이상 경청하지 못하고 끼어들어 자기 생각을 말한다고 한다. 그러나 상대방이 말할 때 온전히 관심을 집중하려면, 자신을 방어하거나 비난을 퍼붓거나 혹은 독단적으로 자기 입장을 내세우는 것을 자제해야 한다. 상대방의 생각과 감정을 알아내는 것이 나의 목적임을 명심하라. 자신을 방어하거나 상대방을 바로잡으려는 것이 대화의 목적이 아니다. 그래야 이해를 통해 긍정적인 관계를 형성할 수 있다. 방어는 오히려 적을 만들게 된다.

나는 지금 당신의 생각과 감정을 나눌 여지가 없다고 말하는 것이 아닙니다. 다만 함께하는 시간을 통해 칭찬을 전하고자 한다면, 먼저 상대방의 생각과 감정에 초점을 맞추어야 한다고 말하는 것이다. 일단 경청하고 난 후에 당신의 관점을 나누는 버릇을 들이라. 그럼 당신이 경청해 주었기 때문에 상대방도 경청해 줄 것이다. 제1 칭찬의 언어가 함께하는 시간인 사람들에게는 이런 공감적 경청이 양측 모두에게 이로운 격려와 칭찬을 불러일으킨다.

세일즈 매니저의 조수인 산드라는 우리에게 이렇게 말했다. "저는 라파엘이 바쁜 줄 압니다. 그는 할 일이 많아 매우 분주합니다. 하지만 일주일에 단 15분만이라도 방해 받지 않고 차분히 대화할 수 있는 시간을 주면 좋겠습니다." 요컨대 산드라는 진정한 대화를 갈구하고 있었다. 진정한 대화가 없으면 인정받는다고 느끼지 못하는 타입인 것이다.

2. 함께하는 경험

함께하는 시간의 두 번째 변형은 '함께하는 경험'이다. 어떤 이들에게는 함께 경험하는 것이 유대감과 격려를 느끼게 하는 중요한 방법이다. 이런 사람들에게는 함께 컨퍼런스에 참가하고, 식사하며, 스포츠 행사에 참여하는 일 등이 팀워크를 구축하는 데 가장 중요한 요인이다.

노스캐롤라이나 대학 여자농구팀 코치인 실비아 해트첼은 '5가지 칭찬의 언어'를 알게 된 것이 소속 농구팀의 성공 비결이라고 말한다. "한 선수의 칭찬의 언어가 인정하는 말이라는 사실을 알게 되면, 저는 그녀에게 격려의 말을 전해 줄 방법을 찾습니다. 한편 다른 선수의 칭찬의 언어가 함께하는 시간이라면 저는 토요일에 그녀를 우리 집에 초대해서 가족들과 함께 식사를 할 것입니다. 그렇게 하면 유대감이 조성되어, 제가 그녀를 한 인격체로서 진심으로 인정해 준다는 사실을 알릴 수 있습니다. 그리고 선수들이 인정받았다고 느끼면, 엄청나게 동기부여가 되어 코트에서 최선을 다해 뜁니다."

호젓한 곳에서 리더십 수련회를 갖거나 전 팀원들이 함께 스포츠 행사에 참여하는 일 등은 기본적으로 경험을 공유하려는 바람 때문이다. 우리의 연구 결과에 의하면, 제1 칭찬의 언어가 함께하는 시간인 남자들은 일반적으로 오래 앉아서 대화하는 것보다는 함께하는 경험을 선호한다. 이런 남자들은 골프, 낚시, 농구 시합 등을 통해 관계를 구축하는 경향이 있다. 물론 이런 활동을 하면서도 서로 이야기는 나누지만, 가장 중요한 요소는 긴장을 풀거나 공동체에 기여하는 어떤 행동을 동료와 함께하는 것이다.

3. 함께하는 소그룹

함께하는 시간의 세 번째 변형은 '소그룹 대화'다. 어떤 사람들에게는 일대일로 리더들과 대화하는 일이 불편하다. 하지만 리더가 소그룹에서 아이디어와 제안을 요청할 때는, 겁을 덜 먹고 자기 생각을 좀 더 자유롭게 나눌 수 있다. 이때 상급자가 진심으로 귀를 기울이면서 그들의 생각을 칭찬해 준다면 그들은 크게 인정받는다고 느낀다.

항공기 제조사의 회장인 릭 리드는 이렇게 말한다. "우리 회사에는 약 300명의 직원들이 있습니다. 저는 3개월마다 소그룹 경청 활동을 통해 더 나은 회사를 만들기 위한 방안을 솔직하게 이야기하도록 합니다.

실제로 중요한 개선 사항들 중 상당수가 이 소그룹 활동에서 나옵니다. 제가 그들의 아이디어들을 소중하게 여긴다는 사실을 그들이 알아주었으면 합니다." 리더가 일방적으로 자신의 아이디어를 말하는 것이 아니라 팀원들의 아이디어를 경청하는 이러한 유형의 관심 집중을 통해, 팀원들은 자신들이 존중 받는다는 느낌을 갖는다. 이처럼 제1 칭찬의 언어가 함께하는 시간인 사람들에게 관심의 집중은 매우 중요한 칭찬 요소다.

4. 함께하는 일처리

함께하는 시간의 네 번째 변형은 동료들과 신체적으로 가까운 위치에서 함께 일하는 것이다. 우리는 이것이 자원봉사자들에게 특별히 중요하다는 사실을 발견했다. 연구 결과에 따르면 자원봉사자들은 다음 두 가지 경우에 더욱 큰 만족감을 얻는다고 한다. 첫째는 자신이 하는 일이 영향력 있다고 믿는 경우고, 둘째는 다른 사람들이 자신들의 공헌을 인정하고 소중히 여길 경우다. 그리고 이런 일은 흔히 다른 자원봉사자들과 가깝게 일하는 환경에서 이루어진다.

2010년 아이티에서 엄청난 지진이 발생했을 당시, 수많은 사람들이 아이티 국민들을 위해 비상식량을 포장하는 자원봉사에 나섰다. 다양한 사람들이 비상식량 포장에 한 시간 이상을 투자했는데, 이 포장 라인에서 일하는 동안 한 자원봉사자가 이렇게 말했다. "이 일은 아주 중요합니다. 저는 아이티 인들을 도울 뿐만 아니라, 다른 사람들과도 함께 일하게 되었습니다. 팀워크는 항상 즐겁습니다." 이 자원봉사자는 누구보다도 많은 시간을 봉사했다. 만약 창고에서 혼자 비상식량을 포장하라고 했다면, 아마 조금밖에 일하지 못했을 것이다. 다른 사람들과 가까이서 일하는 것이 그로 하여금 그 경험을 더욱 소중하게 여기도록 한 것이다.

기업은 그 특성상 자주 팀워크에 대해 말할 수밖에 없다. 그러나 직장 내 모든 팀들이 반드시 신체적으로 가까이에서 일하지는 않는다. 보편적으로는 각기 프로젝트의 여러 부분을 담당하고 있기에, 따로 떨어져 일하므로 서로 만나는 일이 거의 없는 경우가 많다. 이 방식이 목표 달성에 대단히 효율적인지는 모르지만, 제1 칭찬의 언어가 함께하는 시간인 사람들의 인정 욕구를 충족시켜 주지는 못한다는 약점이 있다. 이런 유형의 사람들은 동료들과 함께 일하며 서로 대화에 참여하면서 격려 받기 때문이다. 팀워크의 이런 면이 성취욕과 결합될 때, 그들은 비로소 인정받는다는 느낌을 갖는다.

사회 각 분야의 여러 조직들을 컨설팅하면서, 우리는 동료 및 상급자들과 함께하는 시간을 가지는 여러 방법들을 수집했다. 그중 일부를 소개하면 다음과 같다.

★ 사람들이 칭찬받는다고 느끼는 함께하는 시간들 ★

- 함께 나가 점심 식사를 하면서 업무를 의논한다.
- 함께 나가 점심 식사를 한다. 이때 업무는 언급하지 않는다.

- 잠깐 팀원의 자리로 가서 일이 어떻게 되어 가는지 함께 점검한다.
- 점심시간에 함께 산책한다.
- 퇴근 후에 함께 어울리는 기회를 갖는다.
- 호젓한 곳에서 팀원들과 단합 대회를 갖는다.
- 함께 스포츠를 관람한다.
- 배우자나 소중한 사람들과 함께 저녁 식사를 한다.
- 가끔 전화를 걸어 잡담을 나눈다.

함께하는 시간을 보낼 수 있는 기회는 이처럼 다양하다. 함께하는 시간이 제1 칭찬의 언어인 사람은 이런 기회를 통해 큰 힘을 얻을 것이다. 반대로 이런 언어를 듣지 못한다면, 점차 낙담하고 불만을 품게 될 것이다. 그리고 이 칭찬의 언어를 위해 투자된 시간은 동기부여된 직원과 겨우 해야 할 일만 하는 직원의 차이로 나타난다.

함께하는 시간의 중요한 변수

여러 조직들을 대상으로 일하면서, 우리는 상급자보다는 일반 직원들로부터 더욱 중요하고도 일관된 피드백을 받았다. 즉, 일반 직원들은 상급자에게 바라는 것과 동료들에게 바라는 것이 분명히 달랐다. 우리가 만난 일반 직원인 홀리는 이런 말을 했다. "함께하는 시간이 어려운 이유는 그 대상이 상급자일 때와 동료일 때가 차이가 있기 때문입니다. 저는 제 상급자를 좋아하지만(그는 대단한 분이거든요), 어떤 일은 동료들과만 함께하고 싶습니다. 그런 일을 상급자와 함께할 경우 오히려 불편해지는 경우도 있습니다." 아마도 많은 직원들이 홀리의 감정에 공감할 것이다.

우리는 이 피드백을 받아들여 MBA 검사에 포함시켰다. 이에 응답자로 하여금 그 행동이 동료들과 함께 즐길 수 있는 것인지 혹은 상급자와 함께 즐길 수 있는 것인지, 아니면 동료와 상급자 모두와 함께 즐길 수 있는 것인지를 표시하도록 했다. 이런 소소한 항목을 더함으로 해서 MBA 검사는 상급자와 동료들 모두에게 훨씬 더 가치 있게 되었다.

한편 제조회사 관리자 팀들과 MBA 검사 결과에 대해 토의하던 중, "함께하는 시간이라는 언어를 언제 말해야 하는가?"라는 또 다른 중요한 문제가 제기되었다. 40대 중반의 활달한 관리자인 팀은 이렇게 말했다. "솔직하게 말해야 할 것 같습니다. 함께하는 시간이 아마 저의 제1 칭찬의 언어인 것 같아요. 저는 친구들과 어울리기를 정말로 좋아합니다. 하지만 동시에 제게는 시간이 가장 소중한 자산입니다. 제겐 아내와 세 명의 자식들이 있습니다. 그들이 우선입니다. 동료들과 함께 경기장에 가는 것도 좋지만, 가족을 위하는 일이 먼저입니다. 그래서 이 친구들과 함께 시간을 보내야 한다면, 늘 그렇듯이 일과 시간 중이어야 할 겁니다."

팀의 발언으로 인해 우리는 근무 시간 중(업무 시작 전과 후의 짤막한 회의도 포함해서)에 동료들과 함께하는 시간을 보낼 건전한 방법들에 대해 토의하게 되었다.

과녁을 빗나간, 함께하는 시간

때로 우리는 어떤 일을 마지못해 하는 척 흉내만 내기도 한다. 불행하게도 이런 일에는 함께하는 시간이 포함될 수 있다.

사실 이런 경우는 허다하다. 많은 회사에서 핵심 팀원이 승진하거나 다른 부서로 발령이 났을 때 단체 회식을 한다. 이 경우 팀원 모두가 몸은 참석하지만 정서적으로는 그렇지 않은 경우가 많다. 이런 기분은 늦게 나타나거나, 다른 사람들과 어울리지 않거나, 식당의 흠을 잡거나, 기분이 저기압임을 드러내는 등의 행동으로 나타난다. 누군가 이런 행동을 대놓고 할 때, 대부분의 사람들은 '뭐하러 왔어? 분위기 망치는 사람은 필요하지 않은데 말이야'라고 생각한다.

따라서 함께하는 시간을 갖기 위해서는 긍정적인 태도가 필요하다. 화를 내거나 의무감에 따라 무언가를 할 때는, "당신은 소중하다"가 아니라 "당신과 함께 있는 것보다 더 중요한 일이 있다"는 메시지를 동료에게 보내게 된다. 이밖에도 자주 시계를 봄으로써 쫓기고 있다는 느낌을 주거나, 전화 통화나 문자 메시지 답신 등으로 대화를 끊기도 한다. 그러나 이런 행동은 상대방을 소중히 여기는 방식이 아니다. 진심어린 칭찬을 위해서는 마음과 온몸을 통해 성실한 태도를 갖추어야 한다.

열심히 일하고, 열심히 놀자

다린 우스터가 열심히 일한다는 점은 모두가 인정한다. 그는 무엇을 하든지 최선을 다한다. 그는 혼자 일하기도 하고, 팀원들과 함께 일하기도 한다. 게다가 그는 일만 열심히 하는 것이 아니라 놀기도 열심히 한다. 한가할 때 그는 열정적으로 이야기하면서 웃고, 운동하고, 취미활동을 한다.

특히 업무를 마쳤을 때 다린은 곧잘 동료들과 "무언가를 한다." 그는 대학 농구 게임 시청, 프로 미식축구 게임 시청, 낚시, 사냥 등을 좋아한다. 그는 특히 야외 활동을 좋아하는데, 무엇을 하든 다른 사람들과 함께하기를 즐긴다.

그래서 누군가 어떤 일을 같이 하자고 하면, 다린은 매우 좋아한다. 상급자나 동료가 주말에 골프를 치자고 한다거나 바비큐 파티에 초대하면, 그는 자신이 그 팀의 소중한 일원이라고 확인 받는 기분이 든다. 요컨대 다린에게는 함께하는 시간이 제1 칭찬의 언어인 것이다. 다린의 경우가 보여 주듯 동료들과 함께하는 시간을 통해 칭찬하는 방법은 다양하며 그 영향력 역시 대단하다. 제1 칭찬의 언어가 함께하는 시간인 사람에게 투자 효과는 특히 엄청날 것이다. 할 수 있는 한 최고의 투자라고 해도 과언이 아니다.

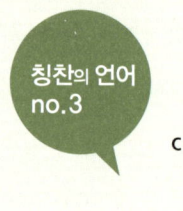

chapter **4**

봉사

    마가렛 하트만은 팀에 꼭 필요한 열정적인 직원이다. 그녀는 에너지가 넘치고, 열심히 일하며, 매우 탁월하기까지 하다. 또한 그녀는 팀 리더로서 동료들이 프로젝트를 완수하도록 열정을 고취시키기도 한다.
    다만 마가렛은 칭찬이나 인정받기 위해 일하지 않는다. 그녀는 배려하는 태도를 지녔고 선천적으로 일과 과업 완수를 즐긴다. 그러므로 그녀가 이룬 일을 칭찬하거나 주목하는 것으로는 그녀에게 동기부여가 되지 않는다.
    마가렛에게 실질적인 격려는 열심히 그녀의 일을 지원하여 주는 것이다. 그녀는 자신이 기술력에 문제가 있다고 생각하기 때문에 누군가 어려운 컴퓨터 작업을 도와주면 특별히 고맙게 생각한다. 또한 그녀의

키는 150cm여서, 동료들이 높은 선반 위의 물건을 내려줄 때도 대단히 고맙게 생각한다. 극히 드문 경우지만, 마가렛이 일이 늦어져 압박을 받고 있을 때 상급자가 나서서 직접 도와주거나 다른 팀원에게 지원하도록 요청해 주면 진심으로 격려를 받는다. 요컨대 마가렛의 제1 칭찬의 언어는 바로 봉사다. 다른 사람의 도움이 있을 때 그녀는 칭찬과 존중을 받는다고 느끼는 것이다.

마가렛과 같은 유형에게는, 봉사를 통한 칭찬이 배려를 보이는 최선의 방법이다. 이런 사람들의 가치관은 "배려한다고 말로만 하지 말고, 직접 보여 주세요"이다. 그들에게는 말보다 행동이 더욱 중요하다. 그들에게 선물이나 말로 하는 칭찬은 별 효과가 없다. 이런 사람들에겐 조그마한 도움이 훨씬 더 큰 격려가 된다.

봉사 활동에 참여하도록 동기부여하는 일은 많지만 일터에서 '봉사'를 한다는 건 왠지 낯선 개념일 수 있다. 직장에서는 대부분 각 사람의 역할과 임무와 책임을 명확하게 나누기 때문이다. 물론 각자 자신의 역할과 임무에 대해 책임을 져야 하는 것은 당연한 일이다. 그럼에도 동료 간의 협력 즉 팀원을 도와주는 봉사 역시 조직의 성공에 있어 매우 중요한 일이다.

다른 사람에게 미치는 영향은 아랑곳하지 않고 자신의 목표 달성에만 맞춰진다면, 조직 내부에 조성되는 긴장감으로 인해 성장이 저해될 것이다. 사실 진정한 리더십은 다른 사람들을 섬기는 데서 발휘된다.

어떤 사람이 최선을 다해도 잘 되지 않는 점을 알아차렸을 때 동료나 리더가 그 사람을 도와 일을 완성하게 하면, 당사자나 나머지 직원 모두에게 대단한 격려가 된다.

나는 대규모의 복잡한 프레젠테이션을 위해 수많은 직원들이 함께 모여 일하는 회사에서 근무한 적이 있다. 이 프레젠테이션을 완수하기 위해서는 재정 담당자, 그래픽 디자이너, 전문 작가, 컴퓨터 기술자, 행정 담당자의 노력이 결합되어야 했다. 우리는 중요한 프레젠테이션을 위해 파워포인트 작성뿐 아니라 엄청난 분량의 유인물을 링 바인더에 끼우는 작업을 진행했는데, 그 작업은 다음 날 아침까지 마무리되어야 했다. 일정에 쫓겨 정신이 없었지만, 사장까지 포함하여 팀원 모두가 그 과업을 완수하기 위해 밤늦게까지 일하다 보니 어쩐지 힘들지가 않았다. 그것은 팀 빌딩 경험이었다. 전체를 위해 개인들이 희생했던 것이다. 그 과업을 완수한 후, 우리 모두는 만족감을 느꼈다. 물론 그런 경험을 되풀이하지 않기 위해 재발 방지책으로 프로세스를 개선하는 일은 빠뜨리지 않았다.

효과적으로 봉사하는 방법

동료들을 돕는 것은 매우 강력한 칭찬의 표현이다. 제1 칭찬의 언어가 봉사인 사람들에게는 특히 그렇다. 일반적으로 이런 봉사 행위는 유익하다. 하지만 보다 큰 효과를 발휘하려면 몇 가지 전략이 가미되어야 한다.

첫째, 다른 사람을 자원해서 돕기 전에 먼저 자기 책임을 완수해야 한다. 의외로 다른 이를 돕고자 하는 마음에서 자기 자리를 이탈하거나 업무를 완수하지 않은 사람들이 더러 있다. 초등학생에 비유하자면 친구의 숙제를 도와주려고 하다가 정작 자신의 숙제는 하지 못하는 경우와 같다. 고귀한 행동이긴 하지만, 그것만으로 그에게 합격점이 주어지는 것은 아니다.

일터에서는 모든 일들이 서로 연관되어 있다. 하나의 일이 마무리되지 않으면, 업무 전체의 프로세스가 엉망이 되고 만다. 따라서 자칫 동료를 도우려는 선한 의도가 자기 자신의 책임을 회피하는 것으로 보일 수도 있다. 그러므로 자신의 일을 먼저 처리한 후 남는 시간에 동료들을 돕는 기회로 선용한다면, 진정한 봉사로 간주될 것이다.

둘째, 돕기 전에 먼저 물어 본다. 도와주려 할 때는 먼저 묻는 단계가 대단히 중요하다. 상대방의 제1 칭찬의 언어가 봉사임을 알 때도, 지금 하는 일에 도움이 필요한지를 먼저 묻는 것이 순서다. 원하지도 않은데 도와주기 위해 뛰어든다면, 격려가 아니라 오히려 긴장감을 초래할 수도 있다.

이와 관련해서 누군가 이렇게 말했다. "대개는 동료들의 도움이 고맙지만 특정 상황에서는 혼자 하는 편이 좋습니다. 따라서 누군가 저를 도와주고자 한다면, '그 일을 도와드릴까요?' 라고 먼저 물어 봐 주었으면 합니다. 그럼 솔직하게 대답할 수 있어 저도 기쁠 것입니다." 요컨대 봉사를 상대방이 칭찬의 언어로 받아들이게 하려면, 돕기 전에 먼저 물어보는 것이 순서다.

셋째, 자원해서 봉사한다. 봉사가 격려로 받아들여지게 하기 위해서는 자발적으로 도와야 한다. 상급자의 압력에 의해 하는 봉사는 칭찬의 표현이 아니다. 그것은 의무 혹은 상급자에 대한 순종의 행위에 불과하다. 마찬가지로 상급자가 누군가에게 다른 팀원을 도우라고 전할 때에도, 명령하기보다는 요청하는 편이 더 효과적이다. 예컨대 이런 식이다. "애니타, 메리의 프로젝트를 도와주면 안 될까? 그 일이 오늘까지 마무리되어야 하거든. 다른 사람의 도움 없이 혼자 마무리할 수 있을지 좀 염려가 되네." 이 경우, 애니타는 자유롭게 "그러는 게 좋겠습니다"라고 하던가, 아니면 "그렇게 말하시니 저도 돕고 싶은데, 지난번 도와줄 때 그녀가 저를 이용한다는 생각이 들었어요. 그래서 사양할래요"라고 말할 수 있다.

그럼 상급자는 다시금 선택을 할 수 있다. 우선 애니타에게 압력을 행사할 수도 있지만, 그렇게 하면 봉사는 일종의 복종 행위가 되고 만다. 따라서 그는 다음과 같이 말하는 게 낫다. "좋아요. 그런 이야기를 해주니 고맙군요. 다른 사람에게 물어 보도록 하죠." 그런 다음에는 자원해서 도와줄 다른 사람을 찾으면 된다. 이런 대화 덕분에 상급자는 애니타와 메리의 관계에 대한 귀중한 정보를 얻게 되었다.

넷째, 돕기 전에 자신의 태도를 점검한다. "즐거운 태도로 일하는 것은 마치 사막에 비가 오는 것과 같다"라고 하지 않는가? 이 오래된 격언은 참으로 맞는 말이다. 부정적인 태도로 하는 일은 마치 사막에 부는 회오리바람과 같다. 뿌루퉁한 태도를 보이거나 내키지 않아 하는 사람으로부터 받는 도움은 전혀 격려가 되지 않는다. 대부분의 사람들은 비판적인 태도를 가진 사람과 같이 일하기보다는 혼자 일하는 편이 더 낫다고 생각한다. 그러므로 도와주려고 일단 마음먹었다면, 긍정적이고도 즐거운 태도로 임해야 한다.

다섯째, 기왕 도와주려면 상대방의 방법에 맞추어 도와주어야 한다. 완벽주의적인 성격의 사람은 다른 이의 도움을 원하지 않는 경향이 있는데, 그 이유는 자신의 양에 차지 않기 때문이다. 그러므로 도와줄 때는 어떻게 해 주기 원하는지를 구체적으로 물어야 한다. 도움 받는 사람이 "일이 잘 됐다"는 마음이 들도록 도와주어야 그 도움이 인정받을 수 있다. 그러므로 도와주기 전에 먼저 "어떻게 해 주면 좋겠습니까?"라고 묻도록 하자.

특별히 이 문제는 행정 업무에 종사하는 사람들을 통해 거듭 확인되었다. 우리는 "내가 원하는 방식대로 하지 않으려면, 차라리 나 혼자 하도록 내버려 두는 편이 나아"라는 말을 수없이 들었다.

여섯째, 시작했으면 마무리를 짓는다. 봉사가 중요한 사람들에게 스트레스를 더하는 한 가지는 일을 시작하고 마무리 짓지 않는 일이다. 도와주려면 반드시 끝까지 마무리해 주어야 한다. 내(게리) 경우, 서재를 정리해 주겠다고 자원한 사람이 있었다. 정말 감사했다. 그러나 '드디어 필요할 때 바로 책을 찾을 수 있겠구나' 라는 내 바람은 실현되지 못했다. 그 '선한 사마리아인'이 다른 일 때문에 더 이상 도와줄 수 없다면서 도중에 중단해 버렸기 때문이다.

단, 이 원칙에도 한 가지 예외가 있다. 시작하기 전에 사용 가능한 시간을 미리 알려 주어야 한다. 예컨대 이렇게 말할 수 있을 것이다. "금요일 오후에 2시간이 나니까, 창고에 있는 박스 정리는 제가 돕겠습니다. 다 정리할 수 있을지 모르지만, 원하신다면 2시간만이라도 일을 돕겠습니다." 이 제한적인 제안을 수용한다면, 도움 받는 사람은 진정한 봉사를 경험한다고 생각할 것이다.

전자 부품회사의 관리자인 크리스티는 MBA 세미나에서 봉사에 대한 자신의 경험을 나누어 주었다. 당시 크리스티는 일이 너무 많아 그날 중으로 모든 주문 내역을 입력하고 처리할 수 있을지 확신이 서지 않는다고 협력 업체 관계자에게 전화로 말하던 중이었다. 그런데 통화가 끝나자마자 한 동료가 다가와, "지나다가 일이 너무 많다는 통화 내용을 듣게 되었습니다. 제가 도와드릴 일이 있을까요? 점심시간까지는 도와드릴 수 있습니다"라고 말했다는 것이다. 그들은 점심시간까지 함께 밀린 서류 작업을 마쳤다. 크리스티는 그 일을 회상하며 다시 한 번 미소를 지었다. "그녀가 그렇게 할 필요는 전혀 없었어요. 타 부서 근무자였거든요. 하지만 제겐 정말로 큰 격려가 되었습니다."

사무실, 조립 라인, 그리고 다른 환경들

"도와주는" 방법은 상황에 따라서도 달라진다. 병원, 무료 급식소, 사무실 등 장소에 따라 각기 나름대로 유익한 봉사들이 있다. 더불어 도움의 유형 역시 상대방의 역할에 따라 달라진다. 사무직일 경우와 부서장일 경우, 같은 팀원인가 그렇지 않은가의 여부에 따라서 제공하는 봉사의 유형이 구별되는 것이다.

특별히 제조 회사와 조립 공장에서 칭찬의 언어로 봉사를 활용하는 데는 독특한 문제들이 따른다. 생산 회사의 작업반장들의 입장에서는, 조립 라인에서 뒤처지는 작업자들을 도와주는 일이 단순한 문제가 아니다. 사실 작업반장들은 자신의 과업을 제대로 수행하지 못하는 작업자들을 "도와주어서는" 안 된다. 그러나 달리 생각해 보면, 생산 공정이 제대로 조정되지 않아서 병목 현상이 일어날 정도로 일이 많은 부분도 분명 있다. 이때 작업반장의 역할은 이런 병목 현상이 일어나는 곳을 찾아 자원을 재조정함으로써 전체적인 프로세스가 느려지지 않도록 하는 것이다. 이 경우 추가로 작업자들을 투입하는 것은 봉사가 아니라 훌륭한 관리 방식이다.

실제로 우리는 약 5~10분의 짧은 시간 동안 공정이 뒤떨어진 작업자들이 지치지 않도록 작업반장들이 도와주는 장면을 많이 보았다. 이 경우, 다음과 같은 말을 곁들이면 뒤쳐진 작업자에게 격려가 될 것이다. "당신이 일을 참 잘하고 최선을 다한다는 점을 알아요. 다만 전체 조립 라인이 매끄럽게 흐르도록 이 부분의 문제를 함께 해결해 보지요."

현장에서 나온 제안들

다양한 회사와 조직들을 컨설팅하면서, 우리는 격려가 되는 행동의 사례들을 수집할 수 있었다. 그 가운데 몇 가지 예를 소개하면 다음과 같다.

★ 사람들에게 격려가 되는 봉사 ★

- 근무 시간 후에 남아서 프로젝트 마무리를 도와준다.
- 더 중요한 일에 집중할 수 있도록 하찮은 일들을 해 주겠다고 제안한다.
- 누구나 하기 싫은 일을 해 주겠다고 자원한다.
- 컴퓨터가 더 효율적으로 작동하도록 도와준다.
- 퇴근 때 장비 청소를 도와준다.
- 늦게까지 일하고 있을 때 동료나 팀을 위해 음식을 제공한다.
- 밀린 서류 작업을 돕도록 추가 인력을 지원한다.

상대방의 제1 칭찬의 언어가 봉사임을 알아차린 경우, 그들에게 가장 의미 있는 봉사의 형태가 무엇인지 파악하려면 먼저 다음과 같이 질문해 보라. "당신을 돕기 원하는데 내가 할 수 있는 일이 있나요?" 때로 예상치 못한 답변 때문에 놀랄 수도 있다. 그럼에도 묻고 나면, 그 사람을 가장 효과적으로 칭찬하는 방법에 대해 귀중한 정보를 얻을 수 있을 것이다.

과녁을 빗나간, 못마땅한 봉사

이미 말했지만, 봉사를 통해 칭찬을 하는 데 '실패'하는 가장 흔한 이유는 부정적인 태도로 봉사하기 때문이다. 불쾌감을 유발시키거나 마지못해 봉사하는 경우, 상대에게 격려가 되기보다는 오히려 사기를 저하시킬 수 있다.

사실 봉사가 칭찬의 언어인 사람들은 단순히 일이 마무리되기만을 원치 않는다. 그들은 쾌활한 자세와 기꺼이 희생하려는 마음자세를 더 소중히 생각한다. 그러므로 도움을 주기 전에 "태도 점검"단계를 잊지 말라. 기왕 도우려면, 스트레스나 마지못해 하는 마음이나 의무감을 떨쳐 버려야 한다. 진실한 봉사는 타인을 도우려는 진정한 노력으로부터 비롯됨을 명심하라.

짐 존슨 : 봉사에 의한 칭찬

짐은 좀처럼 자기를 드러내지 않는 사람이다. 화려한 용모도 아니므로, 사람들 틈에서 쉽게 눈에 띄는 타입도 아니다. 하지만 그는 늘 "거기에" 있다. 그가 자원봉사하는 비영리 단체에서 짐은 앞에 나서는 사람이 결코 아니었다. 하지만 그는 토요일 아침에 가장 먼저 도착해서 노숙자들의 아침 식사 준비를 돕는 사람이다. 눈이 오면 얼른 나서서 눈을 치운다. 그는 늘 힘들고 시간이 많이 요구되며 사람들이 별로 재미없어하는 일을 한다. 아침 식사 후에는 취사도구들을 세척하고, 청소기로 식당을 청소하고, 밴을 운전하여 푸드 뱅크로 가서 음식을 가져온다.

그럼에도 짐은 칭찬을 기대하지 않는다. 그는 검소한 삶을 살고 있으며 실제로 물질을 중요하게 여기지 않는다. 또한 외식을 하거나 다른 사람들과 어울리는 것도 좋아하지 않는다. 그는 혼자 일하기를 좋아한다. 계속 보조를 맞춰야 하는 대화는 그에게 불편할 뿐이다.

그래도 짐의 자원 봉사 코디네이터가 토요일 아침에 나타나 그의 곁에서 요리와 음식서빙, 부엌 청소를 도와주면 짐은 자신이 하는 일에 칭찬받는다고 분명히 느낄 수 있다. 그는 말로 하는 칭찬이 아니라, 자신의 일을 도와주는 것으로 칭찬받기를 원한다.

이처럼 함께 일하는 사람들을 '봉사로 칭찬하기'는 별로 눈에 띄진 않지만 매우 효과적인 격려 방법이 될 수 있다. 봉사가 제1 칭찬의 언어인 사람들은 자원해서 도와주면 힘을 얻는다. 칭찬받는다고 느낄 때, 그들은 자신이 속한 조직을 위해 계속 노력하는 데 동기부여가 된다.

칭찬의 언어
no.4

chapter 5

선물

    존은 자신의 일을 즐긴다. 그는 미식축구나 야구에 쓰이는 여러 도구들과 운동기구를 생산하는 회사의 공장장이다. 기계공으로 출발해서 여러 직책을 거쳐 5년 전부터 공장장으로 일하고 있다. 보수도 괜찮고 대체로 일에도 만족한다. 그는 공장 가동이 잘될 때 사장으로부터 받는 "잘했어" 같은 말이나 "하이파이브"를 매우 좋아한다. 무엇보다 사장이 회사 비용으로 스포츠 관람 티켓을 선물하면, 그는 정말로 인정받았다는 생각이 든다. 존은 1년에 두세 차례 시카고 화이트삭스 경기 표를 선물 받으며, 겨울에는 시카고 불스 티켓 몇 장을 얻는다. 특히 오하이오에서 자랐기 때문에 오하이오 주(州)에서 열리는 게임 표를 받으면 특별히 더 고맙게 생각한다. 가족 아닌 사람들에게 티켓을 사 주는 일이 드물기 때문에, 존은 티켓을 받으면 진정으로 인정받는 느낌이 든다. 요컨대 존의 제1 칭찬의 언어는 '선물'이다.

선물의 힘

유형의 보상을 의미 있게 생각하는 사람들에게는 적절한 선물이 강력한 감사와 인정, 격려의 메시지가 된다. 단, 선물을 의미 있게 생각하지 않는 사람들에게 선물은 별 효과가 없다. 잘못된 선물은 오히려 반감마저 생기게 한다. 사실 적절한 사람에게 적절한 선물을 하기란 쉽지 않으므로, 고용주들은 크리스마스나 생일 등에 선물을 하지 않는다. 하지만 칭찬의 언어의 하나인 선물을 완전히 없애 버린다면 많은 직원들이 인정받고 있다는 느낌을 얻을 기회를 박탈당하는 셈이다.

치과에서 일하는 줄리는 말한다. "말로 하는 칭찬도 좋습니다. 함께하는 시간은 글쎄요. 저는 친한 친구들을 제외하고는 직장 사람들과 함께하는 시간을 별로 좋아하지 않아요. 누군가 제 일을 도와주는 것도 좋아하지 않습니다. 저 혼자 하는 게 편해요. 하지만 근사한 식당이나 공연 티켓을 받는 일은 특별하게 느껴집니다."

우리가 유형의 선물로 칭찬하는 방법을 소개했을 때, 많은 사람들의 눈이 휘둥그레지면서 "그래요, 돈을 주세요!"라고 말했다. 그러나 급여 인상이나 보너스를 주라는 뜻은 아니다. 많은 사람들이 급여 인상이나 보너스를 좋아하는 것은 분명하지만, 그렇게 하기란 쉽지 않은 일이다.

특히 비영리 기관이나 교회에서의 봉사 활동, 노숙자의 식사 제공 등과 같은 자원봉사 환경에서는 금전적인 선물이 일반적으로 적절하지 않다. 휴일에 노숙자들을 위해 봉사한 대가로 20달러 상품권을 동봉한 감사 카드를 선물하는 것은 "적절해 보이지" 않는다. 이 경우, 칭찬의 언어는 주로 돈이 들어가지 않은 데 초점을 맞추어야 한다.

누구에게 무엇을 선물할까?

유형의 보상을 기대하는 사람을 진심으로 격려하려면 다음 두 가지 요소가 필요하다.

첫째, 선물을 고맙게 생각하는 사람들에게 선물을 주어야 한다. 선물이 별로 의미 없다고 생각하는 사람들에게는 그들의 제1 칭찬의 언어로 말하는 편이 훨씬 더 효과적이다. 누군가에게는 선물이 대단히 중요하지만, 다른 이에겐 별 의미가 없을 수 있는 것이다. 지금껏 반복해 왔듯이, 상대방이 인정받는다고 느끼도록 하려면 그들의 제1 칭찬의 언어로 말해야 한다는 것이 바로 이 책의 메시지다. 상대방에게 의미가 있는 바로 그 선물을 주어야 하는 것이다.

예컨대 전 직원에게 크리스마스 선물을 할 경우, 어떤 사람들은 다른 이들보다 선물을 더 소중하게 생각할 것이다. 그 선물이 자신에게 소중하지 않을 경우에는 다른 사람에게 줘 버리는 경우도 있다. 이 경우, 선물을 주는 사람 입장에서는 시간과 돈 낭비로 생각될 수 있다. 그러므로 유형의 선물이 상대방의 제1 혹은 제2 칭찬의 언어인지를 명확히 파악한 다음, 각자에게 적절한 종류의 선물을 찾는 것이 중요하다.

유형의 선물로 칭찬과 존중심을 표현할 때 두 번째 중요한 요소는 상대방이 소중하게 여기는 선물을 주어야 한다는 것이다. 두 장의 발레 관람 티켓이 어떤 사람에게는 감사하게 느껴지지 않을 수도 있다. 추운 일요일 오후에 미식축구 경기를 관전하는 일은 많은 여성들에게 끔찍한 경험이다. 하지만 발레를 즐기는 사람에게 발레 티켓을 주고 미식축구 마니아에게 경기 관람 티켓을 선사한다면 오래 기억될 칭찬의 표현이 될 것이다.

"이거 정말 어려운데. 누가 무엇을 원하는지 알아낼 시간이 없으니 말이야. 아예 선물을 주지 않는 편이 더 낫겠어." 물론 이렇게 생각할 사람도 있을 것이다. 그런 좌절감이 이해되지 않는 것은 아니지만, 성급하게 그런 결정을 해 버리면 일부 팀원들은 영원히 인정받을 수 없게 된다.

컵이나 달력보다 더 나은 것

선물하는 마음과 자세를 이해하지 못하는 사람들은 선물을 주면서도 목표를 달성하지 못한다. 그들은 단순히 선물을 받는 일만이 중요한 것이 아니라는 사실을 이해하지 못한다. 실제로 선물로 감사를 표할 때, 그 선물을 위해 많은 시간과 돈을 썼음을 보여 주면 더 효과가 있다. 이

부분을 고려하는 사람들은 선물을 사기 전부터 "이 사람은 무엇을 좋아하지? 그들의 관심사는 무엇이지? 무엇이 그들을 특별하고 인정받는다고 느끼게 만들까?"라고 자문자답한다.

반면 실질적인 시간 투자나 심사숙고가 없는 무심한 선물, 관습이나 의무감 때문에 허둥지둥 산 선물은 목적을 이루지 못할 뿐 아니라 오히려 부정적인 메시지를 전달한다. 게다가 선물이 진심어린 감사의 표현이 아니라 겉치레로 보일 수도 있다. 그런 선물들은 관계 증진에 아무런 도움이 되지 않는다. 많은 회사에서는 고객들에게 회사 정보가 담긴 컵이나 달력, 펜 등을 선물한다. 이것이 회사 홍보에는 좋을지 모르나, 대부분의 사람들에게는 감사의 선물로 간주되지 않는다. 고객에게 진정한 감사를 표하려면, 그들이 좋아하는 선물을 주는 편이 훨씬 좋다. "하지만 그런 사려 깊은 선물을 주려면 시간과 노력이 들어가지 않나요?" 물론이다. 이를 위해 의미 있는 정보를 얻는 한 가지 방법은 고객들에게 다음과 같이 질문하는 것이다.

- 좋아하는 가수는 누구십니까?
- 좋아하는 잡지는 무엇입니까?
- 좋아하는 레저 활동은 무엇입니까?
- 좋아하는 스포츠 팀은 어떤 팀입니까?
- 좋아하는 식당은 어디입니까?
- 어떤 이벤트에 즐겨 참여하십니까?

이러한 정보를 가지고 있으면, 고객들이 좋아하는 선물을 주기가 한결 수월해질 것이다. 한편 동료에게 칭찬의 표시로 유형의 선물을 주고자 할 때는, 그것이 반드시 '물건'을 의미하지 않는다는 점도 명심해야 한다. 사실 사람들이 정말로 고맙게 생각하는 선물은 물건이기보다는 "경험"에 속한 경우가 빈번하다. 거기에는 이런 것들이 속한다.

★ 사람들에게 격려가 되는 선물 ★

- 스포츠 행사 티켓(야구, 농구, 축구 등)
- 식당 이용권
- 문화 행사 티켓(연극, 음악회, 전시회 등)
- 짧은 휴가
- 스파 이용권이나 골프장 이용권
- 쇼핑몰이나 백화점 상품권

이상이 요즘 직원들이 선호하는 선물들이다. 그러나 리더들의 문제는 선물 카드나 쿠폰을 구입할 시간이 별로 없다는 점이다. 다행히도 이런 선물들은 온라인으로 구매 가능하다. 단, 인터넷에 접속하기 어려운 환경에서 일하는 사람들이라면 선물 구매에 특별한 노력을 기울여야 할 것이다.

선물이라는 칭찬의 언어와 관련하여, 다음 일화를 소개할까 한다. 어느 공장에서, 우리는 회사의 리더들과 이 문제를 해결하기 위한 방안을 모색했다. 경영진은 회사의 조립 라인에서 일하는 사람들을 격려하는 유형의 선물을 주자는 데 동의했다. 그래서 특별 기금(처음에는 시험 삼아서 500달러)을 마련해 주고 인사관리 책임자로 하여금 작업반장들과 함께 직원들이 좋아할 만한 선물카드나 티켓을 알아내도록 했다. 그런 후엔 인사관리 책임자가 선물을 구입하여 작업반장들이 자신의 팀원들을 위해 사용하게 했다.

또한 선물과 함께 직접 손 편지를 쓰게 함으로써, 시간과 노력을 들였음을 보여 주도록 했다. 과연 어떤 결과가 나타났을까? 작업반장들은 회사의 실제적이고도 경제적인 지원에 대단히 고마워했고, 직원들은 의미 있는 격려의 선물을 받고서 아이처럼 좋아했다.

휴가라는 선물

우리가 자주 받는 질문 중 하나는, "휴가를 주면 어떨까요? 이것은 MBA 모델 중 어디에 해당하나요?"이다. 이 질문은 대체로 자유 시간에 더 높은 가치를 부여하는 요즘 젊은 사람들에게서 나온다.

이 문제를 놓고 젊은 직원들뿐 아니라 기업 경영자들과도 토의한 결과, 휴가는 그들이 제공받는 복지 혜택 안에 두는 것이 가장 적절하다는 결론에 이르렀다. 물론 휴가도 선물의 일종이 될 수는 있다. 큰 프로젝트가 끝난 후 일찍 퇴근하거나 얼마간 휴가를 주는 것은 아주 효과적인 선물이다.

마리아는 쇼핑을 좋아하지만 대체로 검소하다. 두 명의 대학생 자녀를 둔 마리아는 투자정보 서비스 회사의 고객상담 팀장이다. 때문에 그녀는 좋아하는 쇼핑 시간을 내기조차 어렵다. 그런데 그녀의 상급자인 저메인이 마리아의 제1 칭찬의 언어가 선물이라는 사실과, 그녀가 쇼핑 시간이 없어 쩔쩔맨다는 정보를 알고 인근의 큰 쇼핑몰에서 쇼핑할 수 있는 100달러 상품권과 하루 휴가를 선사했다. 그러자 마치 단 것을 좋아하는 어린이를 아이스크림 전문점에 데리고 가서 "마음껏 먹어!"라고 했을 때처럼, 마리아의 사기가 순식간에 치솟았다. 그녀는 쇼핑할 날을 손꼽아 기다리면서 치밀하게 계획을 세웠고, 그 경험을 몇 주 동안이나 떠들어댔다. 그녀가 생각하기에 저메인은 지금까지 경험한 상급자들 중 최고의 리더다.

이것이 바로 유형의 선물을 좋아하는 사람들이 선물로 인해 받게 되는 강력한 효과다. 이처럼 각 사람에게 적절한 유형의 선물을 선사할 때, 격려의 효과가 발휘되고 사기가 오른 당사자는 최선을 다해 일하게 된다.

동료들을 위한 선물은 어떨까?

이 장의 내용 대부분은 윗사람들이 부하 직원들에게 선물하는 것에 관한 이야기였다. 하지만 동료들 간의 선물도 그에 못지않게 중요하다. 선물이 동료의 제1 칭찬의 언어라는 것과 그들이 좋아하는 선물이 무엇인지 안다면, 이를 고려함으로써 우정을 쌓을 수 있고 더 나아가 더 긍정적인 업무 환경을 만들 수도 있다.

때로는 동료들끼리 돈을 모아 특정한 한 사람이 가장 좋아할 만한 선물을 사 주기도 한다. 이 경우 무엇보다 흥미로운 점은, 그들이 자기 MBA 검사와 행동 점검표의 결과를 서로 공유하게 된다는 점이다. 그들은 검사 결과를 서로에게 공개함으로써 동료 개개인이 가장 좋아하는 선물이 무엇인지 정확하게 알게 되었다. 또한 동료들 가운데 선물을 별로라고 생각하는 사람이 누구인지도 확실히 알게 되었다. 이처럼 MBA 검사를 통해 얻은 귀중한 정보를 통해, 각 조직의 동료들은 진실하고 의미 있는 방법으로 칭찬 환경을 조성할 수 있을 것이다.

chapter **6**

스킨십

MBA검사를 해 보았다면, 여기에 5번째 칭찬의 언어인 스킨십이 포함되지 않았음을 알아차렸을 것이다. 여기에는 이유가 있다.

처음 '5가지 사랑의 언어'를 일터 환경에 적용하는 최고의 방법을 탐구하기 시작했을 때, 우리는 스킨십 언어를 적절하게 적용하는 일이 상당히 어려우리라고 예상했다. 그럼에도 일단은 '5가지 사랑의 언어' 모두를 일터 환경에도 활용하기로 해 보았다.

우리는 먼저 평가 도구를 개발하기로 했는데, 그 첫 단계는 일터에서 스킨십을 통해 칭찬을 표현하는 적절한 행동들을 고안하는 일이었다. 그런 다음엔 이 행동들을 질문 항목으로 바꾸었다. 처음에는 스킨십 행동 가운데 문화적으로 수용이 가능하고 현실적으로 부적절하게 해석될

소지가 적은 항목들을 만드는 일이 비교적 쉬웠다. 하지만 일을 진행하면 할수록 이런 행동들의 숫자와 다양성이 상당히 제한적이라는 점을 알게 되었다.

우리는 문화 규범에 민감하면서도 업무 환경에 의미 있는 질문 항목들을 만들고자 했다. 그 결과, 다음과 같은 항목들을 추릴 수 있었다.

★ 사람들에게 격려가 되는 스킨십 ★

- "일을 잘했어"라는 칭찬과 함께 악수를 해 줄 때, 기분이 좋아진다.
- 일을 잘했을 때 누군가가 '하이파이브'를 해 주면 기분이 좋아진다.
- 등을 가볍게 두드려 주는 것만으로도 다시 할 수 있는 용기가 생긴다.
- 동료가 곁에 서서 말로 칭찬하며 어깨에 손을 얹으면 기분이 좋아진다.
- 어려운 일이 생겼을 때 동료가 포옹해 주면 위로가 된다.

이밖에도 칭찬의 표현으로 받아들여질 수 있는 스킨십들이 있다. 하지만 이런 행동들의 적절성은 사람과 조직 내 관계의 유형, 그리고 그 조직의 하위문화에 따라 달라진다. 어떤 행동들은 사람에 따라 적절할 수도 있고 불편할 수도 있다. 이 모든 변수들을 고려하자니, 직장 환경에서 적절한 스킨십을 찾기란 쉬운 일이 아니었다.

물론 스킨십은 일상적인 삶의 일부다. 최근에 나(폴)는 친구와 점심 식사를 하면서 이 문제를 놓고 토의했다. 친구는 이렇게 말했다.

"참 까다로운 문제야. 스킨십을 전혀 안 할 수는 없잖아. 좀 전에 사무실을 나오면서도 오늘 아침에 우리 직원이 장기간의 프로젝트를 마쳤다는 사실을 알고서 나도 모르게 축하의 의미로 '하이파이브'를 하려고 손을 들어올렸어. 그녀와 하이파이브를 마치고 우리는 웃었지. 그리고는 사무실을 나왔어."

하지만 일터에서의 스킨십은 문제를 발생시킬 수 있다. 설문지 필드 테스트에서도 리더들과 팀원들은 모두 일터에서의 스킨십에 대해 우려를 표명했다. 여기에는 이런 지적들이 있었다. "스킨십 언어의 가치는 이해하지만 스킨십 항목을 나누는 일에 대해서는 걱정이 됩니다." "어떤 환경에서는 스킨십 항목이 포함되어도 무방하지만, 다른 환경에서는 문제를 야기할 수 있다고 생각합니다."

이에 계속해서 필드 테스트를 실시한 결과, 일터에서 제1 칭찬의 언어가 스킨십이라고 도출된 사람은 단 한 명도 없었다. 사실 스킨십은 선호하는 응답자가 가장 적은 언어였다. 따라서 다른 4개의 칭찬의 언어와 비교할 때, 일터 환경에서 스킨십이 대부분의 사람들에게 중요하지 않다는 점이 분명해 보인다. 때문에 우리는 그동안의 데이터에 기초하여 MBA 검사 항목들로 지정된 것들에 초점을 맞추었고, 컨설팅 역시 이 4가지 칭찬의 언어들에 초점을 맞추어 진행해 왔다.

일터 환경에서 스킨십은 어디까지 가능한가?

MBA 모델을 사용했던 모든 기업들과 조직들이 만장일치로 그 유효성을 회의했음에도, 여전히 많은 사람들은 "일터에서 스킨십은 어느 정도까지 허용 가능한가요?"라고 질문했다. 이 질문은 주로 개인적인 관계에서 스킨십을 중요하게 여기는 사람들이 제기했다. 물론 우리는 일을 기초로 하는 관계에서도 적절한 스킨십이 효과를 발휘한다고 생각한다. 참고로 나(게리)의 학문적 배경은 문화 인류학인데, 모든 문화에는 이성 간에도 적절한 스킨십과 부적절한 스킨십이 있고, 동성 간에도 적절한 스킨십과 부적절한 스킨십이 있다.

스킨십은 인간 행위의 필수적 요소이다. 아동 발달에 대한 수많은 연구 결과들도 동일한 결론을 제시한다. 즉 팔로 안아 주고, 붙들어 주고, 부드럽게 만져 준 아이들은 오랫동안 신체적 접촉 없이 방치된 아이들보다 더 정서적으로 건강한 삶을 살게 된다는 사실이다. 이 점은 나이 든 사람들에게서도 마찬가지다. 궁금하다면 양로원에 가 보라. 긍정적인 스킨십을 받은 사람들이 받지 못한 사람들에 비해 더 긍정적인 마음을 가지며, 신체적으로도 더 건강하다. 요컨대 긍정적인 스킨십은 근본적인 사랑과 인정의 언어인 것이다.

이처럼 어린아이와 나이든 사람에게 적합한 스킨십은 일터의 성인들에게도 적합하다. 긍정적이며 성적(性的) 의도가 없는 스킨십은 일터 동료들에게 의미 있는 칭찬일 수 있다. 이와 관련하여 한 젊은 독신 근로자는 이렇게 말했다. "어느 누구도 어린아이를 만지거나 낯선 강아지를 쓰다듬는 행위를 주저하지 않지요. 저는 이곳에서 때때로 누군가 스킨십을 해 주기를 간절히 바라지만, 아무도 해 주지 않습니다. 제 생각으로는 오해가 무서워서 아무도 스킨십을 좋아한다는 사실을 알리지 않는 것 같아요. 그러니 이렇게 신체적으로도 멀리 떨어져서 외롭게 앉아 있는 거죠." 물론 이 젊은 여성이 원하는 것은 성적인 스킨십이 아니라 정서적인 스킨십이다. 스킨십은 다른 사람이 소중하다는 것을 인정하는 한 방법으로 좋은 격려의 수단이 될 수 있다.

모든 스킨십이 다 같지는 않다

당신에게 긍정적인 느낌을 주는 스킨십이 다른 사람에게는 그렇지 않을 수 있다. 그러므로 우리는 받는 사람이 긍정적으로 느끼는 스킨십이 무엇인지 배워야 한다. 동료의 어깨에 손을 올렸을 때 그의 몸이 경직된다면, 스킨십이 그에게는 칭찬이 아님을 알아차려야 한다. 또한 누군가 당신에게 신체적으로 거리를 둔다면, 당신과 그 사람 사이에는 정서적으로 거리가 있음을 의미한다. 우리 사회에서 악수는 개방성과 사회적 친밀감을 보여 주는 방법이다. 따라서 극히 드문 경우지만 악수를 거절할 때는, 그들과의 관계에서 무엇인가 문제가 있다는 신호다. 반면에 말로 칭찬하면서 동료의 어깨에 손을 얹었을 때 "고마워, 그렇게 말해 주니 정말로 고마워"라고 말한다면, 그는 인정하는 말과 스킨십을 긍정적으로 받아들이고 있는 것이다.

한편 스킨십에는 암묵적인 것과 노골적인 것이 있다. 암묵적인 스킨십은 모호하고 순간적이며 흔히 별 생각 없이 이루어진다. 등을 두드리는 것, 짧은 악수, 하이파이브 등은 암묵적인 스킨십의 예로 일터 환경에서 흔한 신체적 스킨십이다. 반면 노골적인 스킨십에는 일반적으로 더 많은 생각과 시간이 필요하다. "저는 당신이 한 일에 대해 대단히 고맙게 생각합니다. 이 일에 당신이 쏟아 부은 노력은 결코 잊지 않을 겁니다"라고 말하면서 보통 때보다는 더 길게 하는 악수는 스킨십을 소중하게 생각하는 사람에겐 대단한 칭찬의 언어다. 또한 컴퓨터 앞에서 오랫동안 일하는 여성 근로자는 신뢰하는 여성 동료가 자신의 목을 마사지해 주면 대단히 고맙게 여길 것이다.

만약 스킨십이 자유로운 가정에서 자라서 몸에 배인 사람이라면, 일터에서도 그 특성이 자연스레 나타날 것이다. 이 경우엔 늘 하는 스킨십이 상대방에게 긍정적으로 받아들여지는지 아니면 그로 인해 불쾌감을 느끼게 하는지를 파악하는 것이 대단히 중요하다. 이를 아는 확실한 방법은 질문이다. 예컨대 이렇게 질문할 수 있다. "저는 스킨십을 자유롭게 하는 가정에서 자랐습니다. 그런데 모든 사람이 다 그런 것은 아니라는 걸 압니다. 혹시라도 제가 등을 두드리는 행위가 불쾌하다면 꼭 말씀해 주세요. 우리의 관계는 소중하니까요."

한편 사람들은 위기 상황에서 거의 본능적으로 껴안는다. 왜 그럴까? 신체적 접촉이 사랑과 관심을 소통하는 강력한 도구이기 때문이다. 위기 상황에서 사람들이 그 무엇보다도 느끼고 싶어 하는 것은 바로 다른 사람들의 관심이다. 그것이 꼭 위기 상황을 변화시킬 수는 없더라도, 사랑받고 인정받는다는 느낌을 갖게 되면 견딜 수는 있다.

하지만 일터에서는 이런 상황에서라도 반드시 말이나 보디랭귀지로 상대방의 의사를 묻는 과정이 최선이다. 스킨십을 기대하지 않거나 사적인 공간을 선호하는 사람에게 갑자기 다가가서 포옹하는 행위는, 비록 당신은 그들에게 포옹이 '필요하다고 생각해서' 그랬을지라도 그들에겐 전혀 원하지 않은 경험이 될 수 있다.

스킨십과 성

근래 들어 성희롱에 대한 관심이 커지면서, 부적절한 방식으로 이성을 만지는 것은 위험함을 재삼 강조하고자 한다. 이러한 유형의 스킨십은 칭찬을 전하지 못할 뿐 아니라 한층 심각한 문제를 야기할 수도 있다. 대규모의 조직들은 대부분 이 문제에 대처하기 위해 직원들을 훈련시키고 있다. 고용기회균등위원회(Equal Employment Opportunity Commission)에서 작성한 지침에 따르면, 성희롱은 다음과 같은 상황에서 발생한다.

- 직원이 명시적이든 묵시적이든 일자리 획득과 유지에 필요한 조건으로 내건 상급자의 성적 접근에 굴복한다.

- 상급자가 직원이 성적 접근에 굴복하는가 혹은 거부하는가를 바탕으로 인사 관련 의사결정을 한다.

- 비합리적인 성적 행동이 성행함으로써 직원의 업무 수행에 지장을 초래하거나 공포심과 적대감, 공격성이 있는 근로 환경이 조성된다.

불행히도 직장 내 성희롱은 적지 않다. 2만 명의 미국 연방정부 직원들을 대상으로 조사한 결과에 따르면, 42%의 여성과 15%의 남성이 지난 2년 동안 적어도 한 번 이상 직장에서 성희롱을 당했다고 말했다.[1] 한편 어떤 회사들은 성희롱을 의도적인 스킨십으로 정의하고 있다. 이런 엄격한 지침에 따라, 이제 일터에서는 정상적이고 적절한 스킨십마저 어렵게 되었다.

성희롱에 관한 문제들은 무엇보다 인식의 문제다. 일터에서 적절성과 부적절성 사이의 경계에 대한 개인적 판단은 사람에 따라 극명하게 차이가 난다. 그리고 바로 이 점이 일터에서의 스킨십을 꺼리는 또 하나의 이유이다. 그러나 다양한 분야의 연구자들이 거듭해서 적절한 스킨십의 긍정적인 가치를 보여 주는 현 상황에서, 이것은 대단히 안타까운 현상이 아닐 수 없다.

스킨십과 신체적 학대

서구 문화의 또 다른 슬픈 현상은 신체적 학대이다. 대부분의 조직에는 상처와 분노가 가득한 사람들이 있어서 이따금씩 파괴적인 행위가 폭발하곤 한다. 하지만 대부분의 사람들은 자신의 분노를 통제하는 법을 배운 적이 없다. 그래서 그들은 종종 가족을 학대하고 때로는 동료들에게 분노를 표출한다.

신체적 학대는 "놀이가 아닌 분노로부터 나온 때리기, 두들겨 패기,

발로 차기 등의 파괴적인 행동에 의한 신체적 손상"으로 정의할 수 있다. 이때 핵심 단어는 분노. 어떤 사람들은 건설적인 방법으로 분노를 다루는 법을 단 한 번도 배운 적이 없다. 그래서 상대방의 행동으로 인해 화가 치밀면, 포악한 말에 이어 신체적인 폭력이 튀어 나온다. 손바닥으로 때리기, 살짝 밀치기, 거칠게 밀치기, 목 조르기, 꽉 잡기, 세게 흔들기, 두들겨 패기는 모두 신체적 학대 행위다. 이런 행위는 확실히 긍정적인 스킨십이 아니다. 그러한 분노 폭발 후에 나타나는 긍정적인 말이나 신체적 애정 표현은 전혀 의미가 없다. 인간의 마음은 그러한 신체적 학대로부터 쉽게 회복되지 않는다.

학대 후엔 진지하고 솔직한 사과만으로는 충분하지 않다. 학대하는 사람은 이러한 파괴적인 습관을 끊고 긍정적으로 분노를 관리하는 기술을 배워야 하며 필요하다면 도움을 구해야만 한다. 격정적인 분노는 시간이 흐른다고 결코 저절로 사라지지 않는다.

일터에서 신체적 학대가 목격되면, 그 즉시 학대하는 사람을 퇴출시켜야 한다는 것이 우리의 생각이다. 복직은 적절한 심리학적 도움을 받아 분노의 근원을 알고 보다 건설적인 방식으로 분노를 다스릴 방법을 습득했느냐에 따라 결정되어야 한다. 폭력적인 사람이 계속 일하도록 허용하면 다른 모든 직원들이 위험에 처하게 된다. 학대 행위를 제재하지 않고 내버려 두는 것은 회사의 대의를 지키는 일이 아니다.

한편 신체적 학대를 당한 사람들은 보통 어떤 유형의 신체적 접촉에도 예민하다는 사실을 유념하는 것이 중요하다. 대부분의 신체적 학대는 개인적인 관계나 가정에서 일어나지만, 학대가 어디에서 일어나든 희생자들에게는 더 큰 개인적 보호와 더 넓은 개인적인 공간에 대한 필요가 커지게 된다. 또한 그들은 상대방의 재빠른 신체적 행동에 방어적으로 반응한다. 대개의 경우 동료들이나 상급자들은 자신의 팀원이 과거나 현재의 인간관계에서 신체적 학대를 경험했는지 전혀 알 수 없다. 그러므로 일터에서 적절한 스킨십을 사용할 때에는 신중을 기해야 한다.

우려를 뛰어넘는 스킨십의 효과

일터에서의 스킨십에 관련된 문제들에도 불구하고, 적절한 스킨십의 잠재적인 효과가 너무 크기 때문에 이 칭찬의 언어를 몽땅 포기하는 것은 바람직하지 않다. 앞에서도 지적했지만, 스킨십은 건강한 성장과 발달에 뛰어난 효과를 발휘한다. 따라서 적절하게만 사용한다면, 스킨십은 학습과 정서 치료에 긍정적인 영향을 줄 뿐 아니라 수용감도 키워 줄 수 있다. 인간관계에서는 스킨십으로 신뢰감과 유대감 그리고 배려심과 같은 다양한 긍정적인 메시지를 전달할 수 있다. 무엇보다 스킨십은 즐거움과 짜릿함을 표현하는 수단이다.

예컨대 환영이나 축하의 악수, 축하를 나누는 하이파이브, 주먹을 가볍게 부딪치는 것과 같은 모든 행위는 일을 기초로 이루어진 관계에 사용될 수 있다. 연구 결과에 따르면, 등을 토닥거리는 행위는 거의 전 세계적으로 격려하는 행동으로 받아들여진다. 흥미롭게도, 최근에는 경영 대학원에서도 일터에서의 스킨십이 개인들의 행위에 미치는 영향력을 연구하기 시작했다.[2] 마찬가지로 우리는 스킨십에 의한 칭찬이 큰 의미를 지닌다고 생각하므로, 이러한 연구가 앞으로도 지속되기를 기대한다.

누구나 자기 일상을 자세히 들여다보면 스킨십이 일터에서도 자주 사용되는 칭찬의 언어임을 발견할 수 있을 것이다. 동료들과 긍정적인 협력 관계를 맺는 사람들이 어떻게 상호 작용을 하는지 관찰해 보라. 시간을 들여 수많은 악수와 하이파이브, 등을 토닥거리는 격려 등의 신체적인 몸짓들에 주목하라. 특별히 식사 후나 퇴근 후의 사교 모임이나 회사 피크닉과 같이 조금은 덜 공식적인 상황을 주시하라. 아마도 당신은 따뜻하고도 긍정적인 스킨십으로써 상대방을 격려하는 수많은 장면들에 내심 놀랄 것이다.

물론 격려와 칭찬의 스킨십이 모든 직장 환경에 필수적이라고 생각하지는 않는다. 그러나 우리는 일터가 스킨십이 전혀 없는 환경이 되어야 한다고도 생각하지 않는다. 거듭 강조하듯 적절한 스킨십은 매일 접하는 수많은 사람들이 소중하게 여기는 칭찬의 수단일 뿐 아니라 직장에 온기를 더해 주는 소중한 요소이기도 하다.

그렇다면 스킨십을 칭찬의 표현으로 여기는 사람이 누군지 어떻게 알 수 있을까? 동료들의 행동을 한번 관찰해 보라. 자주 다른 사람의 등을 토닥거리거나 하이파이브를 하는 사람이라면 그는 스킨십을 칭찬으로 받아들인다고 확신할 수 있다. 흔히 다른 사람들을 격려하면서 자유롭게 스킨십을 하는 사람들은 다른 이들의 스킨십도 환영한다. 반면에 다른 사람들에게 전혀 스킨십을 하지 않거나 누군가 스킨십을 할 때 몸이 경직되는 사람이 있다면, 그는 아마 스킨십을 칭찬으로 받아들이지 않을 것이다.

The Five Languages of Appreciation
in The Workplace

Part 2
나의 칭찬의 언어 적용하기

7 | 나의 칭찬의 언어 찾기
8 | 자신에게 가장 덜 중요한 칭찬의 언어
9 | 시간이 지나면 칭찬의 언어가 바뀔까?
10 | 인정과 칭찬은 어떻게 다른가?

chapter 7

나의 칭찬의 언어 찾기

사람이 동물과 다른 한 가지는 말로 소통하는 능력이다. 언어는 분명 인간을 인간답게 하는 요소다. 한편 언어는 다양성을 갖추고 있다. 언젠가 나(게리)는 언어학 연구소에서 이전까지 전혀 들어보지 못한 언어를 음성학적으로 기록하려고 시도한 적이 있다. 그때 소리는 기록했으나 그 의미는 알 수 없었다. 단어들의 뜻을 이해할 수 없었기 때문이다.

우리 모두는 성장하면서 자신이 속한 사회의 문화 언어를 배운다. 그리고 다문화 환경에서 성장하면 몇 가지 언어를 말할 수도 있다. 이때 최초로 학습한 언어, 보통 자신의 부모님들의 언어가 자신의 제1 언어가 된다. "마음의 언어"라고 일컬어질 만큼 모국어는 자신에게 가장 잘 이해가 되며 가장 분명하게 뜻이 전달되는 언어이다. 제아무리 제2 언어와 제3 언어를 유창하게 말한다고 해도, 모국어에 비하면 항상 어설프다.

칭찬의 언어도 이와 마찬가지다. 칭찬의 언어들 가운데는 각자의 제1 칭찬의 언어가 있다. 그 언어는 우리에게 감정적으로 가장 강렬하게 들린다. 어떤 사람들은 네 가지 칭찬의 언어들, 인정하는 말, 선물, 봉사, 함께하는 시간에 대해 듣자마자 즉시 자신의 제1 언어를 알아차린다. 그런가 하면 이런 패러다임으로 칭찬의 언어를 생각해 본 적이 없기 때문에 자신의 제1 언어를 분명히 알지 못하는 사람들도 있다. 이 장에서는 그런 사람들이 자신의 제1, 제2 칭찬의 언어를 찾도록 도울 것이다.

그 구체적인 방법은 바로 MBA 검사다. 그리고 이 검사의 개념적 토대는 다음과 같은 '5가지 사랑의 언어'의 핵심 원리에 기초한다.

- 다른 사람들을 칭찬하고 격려하는 데는 다양한 방법이 있다.
- 사람들은 자신에게 더욱 의미 있게 전달되는 방법과 선호하는 칭찬 방식을 갖고 있다.
- 듣는 사람이 가장 의미 있게 생각하는 언어로 메시지를 전달할 때 칭찬과 격려의 효과가 가장 커진다.
- 듣는 사람이 별 의미가 없다고 생각하는 언어로 칭찬과 격려를 하면 메시지가 잘못 전달될 수 있다.

요컨대, 각 개인에게는 제1 칭찬의 언어가 따로 있으며 그 언어로 말할 때 즉각 칭찬의 메시지가 전달된다. 반대로 그 언어로 말하지 않으면 상대방은 칭찬받지 못했다고 생각하게 된다. 업무적인 관계에서 칭찬의 언어를 사용하려면, 먼저 자신의 제1 칭찬의 언어를 파악해야 한다.

검사를 실시한 후에는 당신의 제1, 제2 칭찬의 언어 각각에 대한 행동 점검표를 만들 기회가 주어질 것이다. 이 과정을 통해서 다른 사람들이 당신에게 가장 의미 있게 칭찬하려면 어떤 구체적인 행동들을 수반해야 하는지를 알게 될 것이다.

동료들의 칭찬의 언어를 아는 일은 참으로 유익하지만, 각 개인들을 확실하게 칭찬하는 구체적인 행동들을 아는 편이 훨씬 더 중요하다. 그래야만 동료에게 중요한 것이 무엇인지 파악할 뿐 아니라 그 욕구를 충족시킬 구체적인 방안을 적확하게 알 수 있기 때문이다.

수잔의 간절한 바람

수잔은 도심 청소년들을 대상으로 하는 비영리 조직의 헌신적인 직원이다. 그녀는 열정적으로 십대 멘티들을 성인 멘토들과 짝지어 주는 일을 한다. 수잔은 잠재적 멘토들을 발굴하고, 그들을 훈련시키며, 긍정적인 역할 모델을 찾는 청소년들과 그 부모들을 면접한다. 그 후에는 멘토링 관계가 장기적으로 유지되도록 지원한다. 비록 돈을 많이 받지는 못하지만, 수잔은 계속해서 열정적으로 일한다. 그 까닭은 그녀가 하는 일을 끊임없이 말로 인정해 주기 때문이다. 수잔은 다음과 같은 말을 들을 때 진심으로 칭찬받는다고 느낀다.

- 싱글맘으로부터 아들이 멘토에게서 자동차 작업 방법을 학습할 수 있게 되어 고맙다는 말을 들을 때
- 친구 같은 멘토를 만난 내성적인 십대 소녀가 미소를 지으며 "감사합니다" 라고 인사할 때
- 상급자가 "멘토링 프로그램을 잘하고 있네"라고 격려할 때

하지만 수잔은 많은 사람들 앞에서 칭찬받는 것은 좋아하지 않는다. 그래서 연례 기금 모금 행사에서 모범 봉사상 같은 것을 주면 당황하거나 불편해 한다. 그렇다면 수잔의 상급자는 이런 점을 어떻게 알 수 있을까? 비공식적인 루트를 통해서나 혹은 직관을 통해 알아차릴 수 있을 것이다. 하지만 수잔의 이런 성격을 알아채지 못할 가능성도 크다.

이것이 곧 행동 점검표의 목적이다. 즉, 리더들로 하여금 팀원들에게 가장 의미 있는 구체적 행동들을 알게끔 하려는 것이다. 그러므로 MBA 검사를 통해 자신의 제1 언어를 파악한 다음에는, 자신에게 가장 의미가 있는 구체적인 표현 방법을 적어 달라고 요청하는 것이다.

★ 이 장의 마지막 페이지에는 〈자기 검사를 위한 MBA 검사 요약판〉이 있습니다. 검사지를 작성하면서 자신의 제1 칭찬의 언어를 확인해 보시기 바랍니다. 만약 더 자세한 검사를 받기 원하는 개인이나 단체가 있다면 다음 웹사이트 www.appreciationatwork.com를 참조하기 바랍니다.

MBA 검사를 하지 않으려 할 때는 어떻게 하죠?

　많은 독자들이 개인적으로 이 책을 읽을 것이다. 그러나 리더나 동료들은 이 책이나 MBA 검사에 대해 전혀 모를 수도 있다. 그러므로 당신이 일터의 분위기를 개선하는 긍정적 촉매 역할을 하기 원한다면, 우선 리더에게 이 책을 주기 바란다. 그 후에는 팀원 모두가 이 책을 읽고 각자의 생각을 이야기해 보자고 제안하라.

　현재 많은 조직의 리더들이 MBA 검사의 가치를 인정한다. 그들은 팀원들에게 검사를 받도록 하고, 효과적인 의사소통을 위해 이 정보를 어떻게 사용할지를 토의한다. 실제로, 이것이 저자인 우리가 생각하는 가장 이상적인 시나리오다. 만일 당신의 상급자가 이 책을 읽으려 하지 않거나 MBA 개념을 받아들이려 하지 않으면, 가까운 동료들에게 권하여 이 책을 읽고 MBA 검사를 하게 하라. 그것만으로도 서로 효과적인 칭찬을 건넬 수 있을 것이다. 더불어 동료들이 서로 효과적으로 칭찬할 수 있도록 만들어 주면, 많은 좋은 점들을 누릴 수 있을 것이다.

동료들의 언어 발견하기

　동료 직원들은 전혀 관심을 보이지 않으나 당신은 그들을 효과적으로 칭찬하기 위해 그들의 칭찬의 언어를 사용하기 원하는 경우도 있을 수 있다. 이때 그들의 제1 칭찬의 언어를 발견할 수 있는 비공식적인 방법 세 가지는 다음과 같다.

1. 행동을 관찰한다

　어떤 사람이 늘 동료들을 인정하는 말로써 격려한다면, 그것이 그의 제1 칭찬의 언어일 가능성이 높다. 일반적으로 사람들은 상대방이 자신에게 해 주기 원하는 것을 그에게 베푼다. 악수하고 팔을 만지며 등을 두드리는 장면들을 목격한다면, 그가 선호하는 칭찬 방법은 스킨십일 가능성이 매우 높다. 특별한 때든 아니든 다른 사람들에게 선물을 자주 준다면, 선물이 그 사람의 제1 칭찬의 언어일 것이다. 한편 점심 약속을 잡는 데 앞장서거나 사람들이 동참하도록 초청한다면, 함께하는 시간이 그의 제1 칭찬의 언어일 것이다. 또한 어떤 일을 해야 할 필요가 있다고 생각되면 요청할 때까지 기다리지 않고 뛰어들어 그 일을 하는 사람에게는 봉사가 제1 칭찬의 언어일 것이다.

　단, 여기서 추측의 표현을 사용하고 있음에 유의하라. 다만 추측할 뿐 확정하지 않는 이유는 이렇다. 우리의 연구에 의하면, 약 25% 정도의 사람들은 일반적으로 자신이 말하는 칭찬의 언어와 듣고 싶어 하는 칭찬의 언어가 다른 것으로 파악됐다. 물론 약 75%는 자신이 사용하는 칭찬의 언어가 듣기 원하는 바로 그 칭찬의 언어다.

2. 다른 사람들에게 요구하는 것을 관찰한다

　늘 도움을 요청하는 사람이 있다면, 봉사가 그의 칭찬의 언어일 수 있다. 또한 "컨퍼런스에 참석하게 되면, 경품 좀 타다 주실래요?"라고 하는 동료는 선물을 원하는 유형이다. 함께 쇼핑이나 여행을 하자고 제안하거나 혹은 집에 가서 저녁 식사를 하자고 청하면, 그 사람은 함께하는 시간을 원하는 것이다. "이것 괜찮아 보여? 네가 원하는 대로 보고서가 작성되었니? 일을 제대로 한 것 같아?"라는 말이 오간다면 인정하는 말을 원하는 것이다. 이처럼 어떤 사람의 요청은 제1 칭찬의 언어를 암시해 준다.

3. 불평하는 내용을 잘 듣는다

어떤 사람이 불평하는 내용 역시 그의 제1 칭찬의 언어를 가리킨다. 예컨대 브래드의 경우가 그랬다. 그는 대학교를 졸업하고 회사에 입사한 지 6개월 된 신참이었는데, 내(게리)가 "어떤가?"라고 물었을 때 다음과 같이 대답했다. "좋은 것 같아요. 하지만 어느 누구도 제가 하는 일을 진심으로 인정하는 것 같지 않아요. 아마도 제가 하는 일이 마음에 차지 않나 봅니다." 그는 MBA 프로그램에 대해 이미 알고 있었으므로 나는, "자네의 제1 칭찬의 언어는 인정하는 말이군, 맞아?"라고 되물었다. 그러자 브래드는 고개를 끄덕이며 대답했다. "맞습니다. 그래서 제가 하는 일에 만족하지 못하나 봅니다." 이처럼 브래드의 불평은 그의 제1 칭찬의 언어를 확실하게 보여 주었다.

만약 동료들이 자신에게 시간을 내주지 않는다고 불평하는 사람이 있다면, 그의 칭찬의 언어는 아마 함께하는 시간일 것이다. 생일 선물을 준 친구가 하나뿐이라고 불평하면, 그의 칭찬의 언어는 선물일 수 있다. 누구도 도와주지 않는다고 불평하면, 봉사가 그의 칭찬의 언어일 수 있다.

불평은 일반적으로 깊은 감정적 상처를 드러낸다. 그러므로 가장 마음을 상하게 하는 것이 바로 그 사람의 칭찬의 언어일 수 있는 것이다. 따라서 그에게 그 언어로 칭찬하면, 마음의 상처가 사라지고 진심으로 칭찬받는 느낌이 들 것이다.

5가지 칭찬의 언어들 가운데 그 어떤 것도 그렇게 어렵지는 않다. 단, 관찰하려는 자세와 효과적으로 칭찬하려고 하는 욕구가 있어야 한다. 상대방의 행동을 관찰하고, 요구 사항에 귀를 기울이고, 불평을 경청하면 상대의 제1 칭찬의 언어를 파악할 수 있다. 이런 정보로 무장하면, 동료들을 칭찬하는 노력의 효과가 더욱 커질 것이다. 사람들은 자기를 칭찬하는 사람에게 감정적으로 더 끌린다. 그러면 의미 있는 대화를 하게 될 것이고, 장기적인 친구 관계로 발전할 가능성이 높다.

Motivating
by
Appreciation

MBA 검사
자기 검사를 위한 요약판

● 이것은 영어권 밖의 독자들을 위해 MBA 검사를 간단하게 요약한 것임

MBA 검사 자기 검사를 위한 요약판

■ **칭찬의 언어**

사람들은 다양한 방법으로 동기부여를 받고 격려 받는다는 것이 많은 연구의 결과입니다. 인간관계에서 서로 칭찬을 주고받는 방식에는 다음 5가지 기본 패턴 즉 인정하는 말, 봉사, 선물, 함께하는 시간, 스킨십이 있습니다.

이 검사는 일을 중심으로 맺어진 관계에서 개인의 주된 칭찬의 언어를 파악하도록 하기 위한 것입니다. 단, 이때 가족이나 친구와의 관계에서 선호하는 칭찬의 방식이 일터에서 선호하는 방식과 다를 수 있습니다. 특별히 가족, 친구와의 관계에서 중요한 언어 한 가지(스킨십)가 일을 중심으로 맺어진 관계에서는 중요하지 않은 것으로 나타났습니다. 그래서 이 설문에는 스킨십에 대한 항목이 포함되지 않았습니다.

■ **검사 방법 안내**

각 번호마다 4개의 진술문이 있습니다. 각 문장을 읽고 당신이 중요하게 여기는 정도에 따라 1, 2, 3, 4로 순서를 매기십시오 (1이 가장 중요한 것임).

1. 나는,

M ____ 다른 사람이 나에게 온전히 집중해 주는 것이 좋다.

S ____ 다른 사람이 나의 일이나 프로젝트를 도와주는 것이 좋다.

A ____ 다른 사람이 내가 한 일을 칭찬해 주는 말을 하면 좋다.

G ____ 일을 잘했을 때 구체적인 보상을 해 주는 것이 좋다.

2. 내가 어려울 때,

A _____ 누군가 칭찬을 해 주면 힘이 난다.

M _____ 누군가 시간을 내어 나의 염려를 경청해 주면 힘이 난다.

G _____ 작은 선물을 받으면 힘이 난다.

S _____ 다른 사람이 나의 일을 도와주면 힘이 난다.

3. 내가 으쓱해질 때는,

G _____ 사람들이 시간과 노력을 들여 나에게 선물을 사 줄 때다.

A _____ 내가 한 일에 대해 감사하다는 말을 들을 때다.

S _____ 내가 하는 일을 주위 사람들이 도와줄 때다.

M _____ 나의 동료들이 나와 함께 시간을 보내기로 할 때다.

4. 주위 사람들에게 칭찬받지 못하는 것처럼 느껴질 때 나는,

S _____ 누가 내 일을 도와주면 기분이 좋아진다.

G _____ 작은 선물(재미있는 카드나 간식 등)을 받으면 기분이 나아진다.

M _____ 내게 중요한 사람과 함께 시간을 보내면 기분이 나아진다.

A _____ 나의 일에 대한 칭찬을 받으면 기분이 나아진다.

5. 내가 중요하다는 느낌을 가진 때는,

S _____ 임무를 완수하기 위해 다른 사람이 나와 함께 일할 때다.

G _____ 친구나 동료로부터 선물을 받을 때다.

M _____ 내게 중요한 사람과 함께 시간을 보낼 때다.

A _____ 함께 일하는 사람들에게 내가 일을 잘한다는 말을 들을 때다.

■ 칭찬의 언어 점수를 계산하는 법

1. 각 칸에 A, M, S, G의 숫자를 옮겨 적으십시오.

문항 \ 번호	1	2	3	4	5	합계	
A							인정하는 말
M							함께하는 시간
S							봉사
G							선물

2. 모두 합한 점수의 가장 낮은 언어가 당신이 가장 선호하는 칭찬의 언어입니다. 합산한 점수가 낮은 언어부터 차례로 적으십시오.

언어 1 _____

언어 2 _____

언어 3 _____

언어 4 _____

〈언어 1〉은 당신이 가장 좋아하는 제1 칭찬의 언어입니다. 〈언어 2〉는 제2 칭찬의 언어입니다. 그리고 〈언어 4〉는 당신이 가장 덜 중요하게 여기는 칭찬의 언어입니다. 때로는 두 가지 언어의 점수가 같을 수도 있습니다. 이것은 당신이 이 두 언어를 똑같이 중요하게 여긴다는 것을 의미합니다. 또한 검사 시기 혹은 환경에 따라 소중하게 여기는 칭찬의 언어가 달라질 수도 있습니다.

3. 이제는 당신이 제1 칭찬의 언어 가운데서 어떤 행동을 가장 중요하게 여기는지를 찾아낼 차례입니다. 그 결과를 알면 함께 일하는 사람들이 당신에게 가장 잘 맞는 칭찬과 격려를 전할 수 있습니다. 그러므로 각 언어를 설명하는 장을 읽고, 가장 적절한 행동의 예를 찾아보십시오. 그런 다음, 당신 자신이 선호하는 행동 목록을 만드십시오. 당신에게 적합한 행동은 당신 자신이 가장 잘 압니다.

나의 제1 칭찬의 언어 : _____

나에게 중요한 행동들 :

1.
2.
3.
4.
5.

chapter 8

자신에게
가장 덜 중요한 칭찬의 언어

 선천적으로 우리 모두는 자신의 제1 칭찬의 언어에 따라 행동하는 경향이 있다. 봉사를 칭찬으로 여기면, 봉사하는 사람으로 알려진다. 함께하는 시간을 칭찬으로 여기면 종종 동료들의 안부를 묻게 된다. 인정하는 말을 칭찬으로 여기면 함께 일하는 사람들에게 인정해 주는 말들을 많이 하게 된다. 선물을 칭찬으로 여기면 선물 주는 사람이 되고, 스킨십을 칭찬으로 여기면 등을 토닥거려 주거나 하이파이브를 하기 쉽다.

 반대로 자신이 소중하게 여기지 않는 칭찬의 언어는 거의 나타내지 않을 가능성이 높다. 선물을 받는 것이 칭찬이라고 생각하지 못한 사람은 이 칭찬의 언어를 무시하기 쉬운 것이다. 즉 자신에게 별로 소중하지 않기 때문에 다른 사람에게도 소중하지 않으리라고 생각해버리는 것이다. 만약 선물이 제1 칭찬의 언어인 사람이 다른 언어들로만 칭찬받을 경우, 칭찬받는다고 생각하지 않는다.

스테이시

스테이시 그랜트는 컴퓨터 그래픽 디자인 회사의 부장이다. 그녀는 웹사이트를 만드는 웹디자이너들을 관리한다. 팀원들은 긍정적이고 지적인 그녀를 좋아하며, 그녀의 팀원들은 대체로 재능이 많고 협력적이다. 스테이시의 제1 칭찬의 언어는 인정하는 말이다. 따라서 그녀는 자신의 일에 대해 칭찬받길 좋아하며, 공개적으로 밝히지는 않았지만 특별히 팀원들과 상급자 앞에서 인정받기를 좋아한다. 스테이시는 일을 잘한다는 칭찬에 관한 한 절대로 싫증을 느끼지 않는다.

그 결과, 그녀 자신도 팀원들을 똑같은 방법으로 칭찬하려고 한다. 그녀는 칭찬에 대단히 관대해서, 수시로 팀원들에게 일을 잘했다고 말하고 그들의 예술적 능력에 대해서도 극찬을 아끼지 않는다. 이런 행동은 인정하는 말을 칭찬으로 여기는 팀원들에게는 특히 좋다. 그녀의 소통 방식은 대체로 긍정적인 분위기를 조성한다.

하지만 스테이시가 가장 소중하게 여기지 않는 칭찬의 언어가 말썽을 일으킨다. 그것은 바로 봉사다. 그녀는 남들이 자신의 일을 돕는 것을 원치 않는다. 혼자 하는 편이 더 좋은 것이다. 사실 그녀는 도움을 주겠다는 다른 사람의 제안은 주제넘은 짓이라고 생각한다. 그러다 보니 다른 사람들에게 도움이 필요할 때도 그녀는 자원해서 도와주는 일이 거의 없다. 이 때문에 제1 칭찬의 언어가 봉사인 팀원들에게는 늘 긴장감이 조성된다.

스테이시 팀의 디자이너인 캐롤린은 신뢰할 만한 팀원이다. 그녀는 온라인으로 상품을 판매하려는 회사들을 위해 대화형 웹사이트를 개발하는 전문가다. 그래서 그녀에게는 유독 고자세의 고객들이 많다. 그리고 대부분의 그래픽 디자이너들처럼, 캐롤린도 때로는 일정에 쫓겨 마감일을 맞추기 위해 밤늦게까지 일한다.

그런 캐롤린의 제1 칭찬의 언어는 봉사다. 시간에 쫓길 때 누군가 다가와서 자신의 프로젝트를 도와주면 정말로 고맙게 여긴다. 반대로 다른 사람들이 도와주겠다는 제안을 하지 않으면 대단히 섭섭해 한다. 그렇다고 캐롤린이 무책임하거나 항상 도움을 바라는 것은 아니다. 하지만 "매우 어려운 입장"에 처했을 때 동료들이 도와주면 진심으로 고맙게 생각한다.

"와, 이것 참 훌륭한데, 캐롤린." 스테이시가 캐롤린의 사무실에 들어와 말을 건넸다.

"고맙습니다. 하지만 고객 프레젠테이션 때문에 내일 오전 9시까지 할 일이 아직 많이 남았어요. 아무래도 밤늦게까지 야근해야 할 것 같아요." 캐롤린은 스테이시를 슬며시 쳐다봤다.

"그렇군. 뭐, 이번에도 잘할 걸로 믿어. 언제나 잘했잖아. 어떤 일이든 열심히 잘 해내 주어서 아주 고마워." 스테이시는 캐롤린의 어깨를 토닥여 주고 돌아갔다.

"고맙습니다." 그러나 돌아서 가는 스테이시의 뒷모습을 보면서 캐롤린은 이렇게 중얼거렸다. "조금만 도와주면 좋겠구만."

스테이시는 칭찬의 말로써 충분히 캐롤린을 격려하고 도와주었다고 생각한다. 하지만 캐롤린은 스테이시의 도움을 받았다고 생각하지 않으며 오히려 팀장의 배려 부족에 화가 난다. 이처럼 칭찬의 언어의 전형적인 부조화로 인해, 선량한 이 두 사람 사이에는 잘못된 소통과 긴장 관계가 조성되었다.

가끔씩 캐롤린이 도움 받지 못한다는 문제가 대화 중 튀어나오면, 스테이시는 뒤통수를 맞은 느낌이 든다. 그래서 이렇게 대꾸한다. "뭐라고? 어떻게 칭찬하지 않았다고 말할 수 있지? 캐롤린, 항상 네가 한 일을 칭찬했잖아. 심지어는 경영진 앞에서도, 팀 미팅에서도 공개적으로 칭찬해 주었잖아! 도무지 이해를 못하겠네."

그러면 캐롤린은 이렇게 말하는 것이다. "훌륭하게 일을 처리했고 꼼꼼하게 일을 잘 마무리했다고 칭찬한 것, 저도 압니다. 하지만 마감에 쫓겨서 고군분투하고 있을 때 저에게 필요한 것은 도움이었어요. 말도 좋지만, 행동이 더 필요했어요."

그렇다. 스테이시는 캐롤린을 칭찬했지만, 그녀가 원하는 방식의 칭찬은 아니었다. 그래서 캐롤린은 지지를 받지 못한다고 느꼈고 급기야는 화까지 냈다. 상황이 이리되면, 스테이시는 캐롤린을 격려하려는 모든 노력이 헛수고였다고 생각하면서 자신이 유능한 관리자인지에 대해서도 회의가 들 것이다. 스테이시에게 봉사는 무의미하기 때문에, 캐롤린에게 봉사가 어떤 의미인지를 이해하기가 대단히 어려운 것이다.

블랙 홀

블랙홀은 주변의 거의 모든 것(빛, 물질, 에너지)을 빨아들인다. 빨아들이지만 결코 내뱉진 않는다. 블랙홀은 먹고 또 먹지만 결코 돌려주지는 않는다. 그런데 일터 환경에서는 가장 덜 중요하게 여기는 칭찬의 언어가 바로 이 "블랙홀"일 수 있다. 어떤 사람이 가장 덜 중요하게 여기는 칭찬의 언어가 '인정하는 말'일 경우 그에게 아무리 많은 칭찬의 말을 해주어도 효과가 나타날 리 없다. 칭찬의 말이나 메모, 팀원들 앞에서 하는 칭찬이 그들에게는 칭찬이 아니기 때문이다. 말로 하는 칭찬이나 인정은 그들에게 중요하지 않다.

그렇다면 어떻게 해야 시간과 감정의 에너지를 낭비하지 않을 수 있을까? 방법은 간단하다. 사람들이 가장 덜 중요하게 여기는 칭찬의 언어는 정말로 그들에게 중요하지 않다는 사실을 인정하면 그만이다. 그들과 당신은 다르다. 현명한 리더나 동료라면 이 차이를 인정하고 받아들일 것이다.

리더로 성공하는 데 중요한 요소 한 가지는 팀원들이 칭찬과 격려를 받았다고 느끼는 방법의 차이를 이해하고 받아들이는 데 있다. 이 사실을 충분히 파악하지 못하고 노력한다면, 별 소득도 없이 시간과 에너지만 낭비하게 된다. 더 나아가 자신과는 다른 칭찬의 언어를 가진 팀원들을 미워하게 될 수도 있다. 배은망덕하고, 부정적이며, 그들을 위해서 해 주는 것들에 대해 고마워할 줄 모른다고 생각하게 되는 것이다. 심지어 그들을 만족시킬 수 있는 일은 아무것도 없다는 결론에까지 도달할 수 있다.

물론 이것은 잘못된 생각이다. 자신이 가장 덜 중요하게 여기는 칭찬의 언어가 무엇인지, 그리고 그 부분을 무시하면 자신에게 맹점이 생길 수도 있다는 사실을 아는 것이 효과적으로 칭찬을 하기 위해 그 무엇보다 중요하다. (이와 관련하여 이 책의 부록인 <칭찬 도구함>에서 '가장 덜 중요하게 여기는 칭찬의 언어 파악하기' 편을 읽어 보기 바란다.)

자신의 맹점으로 인한 문제 극복

어떤 일에서든 맹점을 벗어나는 첫 단계는 그것을 아는 것이다. MBA 검사를 통해 자신이 가장 덜 중요하게 여기는 칭찬의 언어를 파악했으면, 이제 당신은 맹점의 가능성을 알게 되었다. 하지만 실질적으로 이 칭찬의 언어를 완벽하게 이해했다고는 말할 수 없다.

여기서 잠깐 내 자신을 예로 들어보겠다. 내게는 선물이 가장 덜 중요하게 여기는 칭찬의 언어다. 그래서 스타벅스 상품권을 받게 되면 분명 고맙지만, 실제로 내게 큰 의미가 있는 것은 아니다. 나는 받아도 그만, 안 받아도 그만이다. 그래서 그런 선물을 아주 소중하게 생각하는 동료들의 입장에서 보기가 어렵고, 그들이 이런 유형의 보상을 그렇게 높게 평가하는 이유를 정말로 이해하기 어렵다. 솔직히 마음속으로 '별로 중요하지도 않는 것에 흥분하네' 라던가, '나라면 정말 받지 않겠어. 헬스클럽 하루 이용권보다는 차라리 한마디의 칭찬이 더 나은데' 라고 생각하곤 한다.

언젠가 나는, 선물이 제1 칭찬의 언어인 동료를 말로써 칭찬하려고 해 본 적이 있다. 그에 앞서 나는 이렇게 물었다. "야구장 티켓이 자네에겐 왜 그리 소중한가? 어째서 그렇게 큰 의미가 있지?" 이때 그의 반응을 통해서 나는 상대방의 관점을 파악할 수 있었다.

"그 이유는 말이죠. 상사가 직접 시간과 관심을 기울여 제가 개인적으로 무엇을 좋아하는지 알아냈다는 사실이 짜릿합니다. 만약 발레 티켓을 주셨다면 그건 완전히 '실수'인 거죠. 저는 대학교에서 야구를 했고, 야구장 가는 걸 지금까지도 즐기거든요. 그 다음은 상사가 저를 위해 공들여 티켓을 구해 주었다는 사실이 감격스럽습니다. 금전적 지출보다는 시간과 에너지 차원의 실질적인 투자가 그런 거지요. 저를 격려하거나 보상하는 행위는 그분에게도 의미가 있다고 생각합니다. 그래서 저는 진심으로 칭찬받는다는 생각이 듭니다."

나는 그의 말을 듣고서 어느 정도 납득했다. 그러므로 일단 자신이 가장 덜 중요하게 여기는 칭찬의 언어를 파악했다면, 이것이 제1 언어인 동료들과 이야기를 나누어 보라. 그 행동들이 그들에게 어떤 메시지를 전달하는지, 그리고 구체적으로 어떻게 격려를 받게 되는지를 물어보라. 그런 후에는 그들에게 발휘되는 영향력을 깊이 이해하려고 노력하라. 그러면 그것을 대단히 중요하게 생각하는 사람들에게 그 언어로 말하는 법을 쉽게 배울 수 있을 것이다.

상대방의 언어로 말하기를 계획하라

다른 사람의 관점과 가치가 자신과는 다르다는 점을 인정하더라도, 그에 맞추어 일관되게 행동하기는 매우 어렵다. 우리에게는 자신의 관점과 선호로 되돌아가는 성향이 있기 때문이다.

그러므로 동료들의 제1 칭찬의 언어가 자신의 맹점인 경우 일관성 있고 유능한 칭찬을 하는 사람이 되기 위해서는, 동료들의 언어로 말하기 위한 구체적 계획을 세워야 한다. 자신이 가장 덜 중요하게 여기는 언어로 소통하려면 갑절의 노력이 필요하다. 저절로는 결코 되지 않기 때문이다. 그에 대해 의도적으로 더 많이 생각하고, 그들의 언어로 말할 기회를 찾아야 한다.

예를 들어 함께하는 시간이 가장 덜 중요한 칭찬의 언어인 리더는 팀원들과 자발적으로 시간을 보내려고 하지 않을 것이다. 그것이 결코 중요하게 생각되지 않기 때문이다. 그래서 함께하는 시간이 제1 칭찬의 언어인 팀원은 자칫 리더의 칭찬을 기다리다가 지쳐 버릴 수가 있다. 이

때 현명한 리더라면, 그런 유형의 팀원과 정기적으로 시간을 함께 보내도록 능동적으로 계획을 세울 것이다. 그는 이렇게 다짐할 것이다. "함께하는 시간이 글렌다의 제1 칭찬의 언어지. 그 언어는 내게 별로 중요하지 않지만, 그래도 최소한 2주에 한 번씩은 그녀의 사무실에 들러 이런저런 일들에 관해 이야기해야겠어. 그냥 두면 잊어버릴 게 뻔하니, 달력에 기록해 놓는 게 좋겠군." 이렇게 계획을 세워 두면, 보통은 그대로 실천하게 된다.

기억하라. 우리가 가장 덜 중요하게 여기는 언어는 그 언어가 제1 칭찬의 언어인 사람과의 관계에서 '맹점'이 될 수 있다. 이런 역학 관계를 이해하고 바로잡으려는 노력은 상대가 칭찬을 받았다고 느끼게 하는 데 있어 매우 중요한 요소이다.

chapter 9

시간이 지나면 칭찬의 언어가 바뀔까?

많은 기업들을 대상으로 MBA 모델을 적용하면서 흔히 받는 질문은, "칭찬의 언어가 상황에 따라 바뀌나요?"였다. 그 질문에 대해 "그렇습니다"라고 답하면, 대부분의 사람들은 두 번째 질문에 돌입한다. "그렇다면 칭찬의 언어가 바뀌었는지를 어떻게 알 수 있죠?" 이 장에서는 이 질문들에 대한 답을 제시하려고 한다.

우선 제1 칭찬의 언어는 일생 동안 그대로 유지되는 경향이 있다는 말을 먼저 전할 필요가 있겠다. 이것은 많은 성격 특성들과 같다. 매우 조직적인 사람은 늘 조직적이다. 반면에 삶의 절반 이상을 차 열쇠를 찾는 데 보내는 사람도 있다. 아침형 인간은 오전 11시 이전에 가장 생산성이 높은 반면, 올빼미형 인간은 오후 10시 이후에 정신이 말짱해진다.

이러한 특성들은 일생 동안 지속되는 경향이 있다. 이것은 자신의 일부인 것이다.

그렇다고 이 말이 '시간이 흘러도 사람은 변하지 않는다'는 뜻은 결코 아니라는 점을 분명히 하고 싶다. 조직적이 아닌 사람이 보다 조직적으로 되려고 노력할 수도 있다. 올빼미형 인간이 카페인을 좀 덜 섭취함으로써 비록 일출은 못 볼지라도 아침 새소리를 듣기 위해 시간에 맞춰 일어날 수도 있는 것이다.

마찬가지로 제1 칭찬의 언어가 일생 동안 계속되는 특성일지라도, 인생의 어떤 시기에 어떤 요인들로 인해 제2 언어가 한 계단 뛰어오르고, 제1 언어는 얼마간 그 정서적 가치가 떨어지는 일이 발생하기도 한다. 한편 별 의미 없다고 생각한 언어가 좀 더 의미 있어지는 상황을 경험할 수도 있다. 지금부터는 제1 칭찬의 언어의 중요성이 변화될 수 있는 두 가지 상황을 설명해 보려 한다.

삶의 단계와 환경

첫째, 삶의 단계와 삶의 환경이 영향을 미칠 수 있다. 우리 중 많은 사람들은 자신 혹은 동료들의 가족이 심각한 질병으로 고생하는 일을 목격한 적이 있을 것이다. 배우자나 자녀가 엄청난 사고를 당할 수도 있고, 생명을 위협하는 건강상의 문제로 인해 장기간 병원에 입원해야 하거나 회복기간을 가져야 할 수도 있다. 이런 기간 중에는 대부분의 사람이 시간과 감정의 부담으로 인해 "극도로 긴장한다." 사랑하는 사람에게 닥칠지 모르는 위험 상황을 놓고 근심하게 된다. 따라서 이런 시기에는 가족과 친구, 동료의 정서적 지지나 격려가 매우 중요하다. 이처럼 어려운 시기에는 제1 칭찬의 언어가 변할 수 있다.

마이클의 경우가 바로 그랬다. 그는 대형 회계법인의 근면한 회계사로, 처음 MBA 검사를 했을 때 그의 제1 칭찬의 언어는 인정하는 말이었다. 이 결과에 마이클 자신도 적극 동의했다. 그는 사람들이 자신을 인정해 주고 말로 지지할 때 정말로 칭찬받는다고 느꼈다.

그러다 6개월쯤 지났을 때 그의 아내가 암 진단을 받았다. 그 후 2년 동안 아내는 자주 병원을 찾아야 했고, 두 번의 수술과 화학요법 치료도 받았다. 이 시기에 마이클의 직장 동료들은 그의 주위에 모여서 그를 강력하게 지원했다. 두 명의 여성 동료들은 마이클이 아내를 데리고 병원에 갈 수 있도록 아이들을 돌봐 주었다. 또 다른 두 여성 동료들은 두 차례의 수술이 끝날 때마다 손수 음식을 만들어서 마이클의 집에 갖다 주었다.

이후에 마이클은 네 명의 동료들에게 이렇게 고백했다. "저는 여러분이 저에게 베풀어 준 은혜를 절대로 잊지 않을 겁니다. 여러분의 도움이 없었다면 결코 이겨내지 못했을 것입니다." 마이클은 그때가 동료들이 가장 고맙게 생각됐던 시기였다고 회고한다. 마이클의 인생에서 그 시기는, 봉사 언어가 인정하는 말보다 더욱 정서적으로 깊이 다가왔던 때였다.

이처럼 선호하는 칭찬의 언어는 삶의 단계와 환경에 따라 변할 수 있다. 브라이언도 그랬다. 30대 중반인 그는 제조회사의 영업 관리자로, 잠재 고객들을 방문하는 여행이 빈번했으며 업무의 일환으로 꽤 근사한 식당에서 고객들과 저녁 식사를 함께하곤 했다. 다른 많은 젊은 부부들이 그렇듯, 결혼 초기에 브라이언과 그의 아내 샌디는 꽤 빠듯한 예산으로 살아야 했다. 때문에 그들에게 외식은 아주 특별한 행사였고, 그 시기에 브라이언과 샌디는 회사로부터 받는 고급식당 상품권을 매우 좋아했다. 이처럼 브라이언에게 제1 칭찬의 언어는 선물이었지만, 요즘엔 식당 상품권의 가치가 좀 떨어졌다. 그와 샌디는 공연 티켓을 더 선호한다. 이는 인생의 다양한 단계와 시간에 따라 변화되는 구체적인 실행 조치들의 일례다.

전국적인 영업 조직에서 최고 판매 실적을 올리는 브렌다의 경우를 살펴보자. 그녀의 제1 칭찬의 언어는 인정하는 말이다. "이달의 영업사원"으로 뽑혀 최초로 공개적인 인정을 받았을 때, 그녀는 엄마에게 전화를 걸어 자신의 성공을 이야기했다. 심지어는 받은 상패에 적혀 있는 단어들까지 모두 읽었다. 그녀는 진심으로 인정과 칭찬을 받는다고 느꼈고 가슴 뿌듯해 했다. 그로부터 4년 후, 브렌다의 벽장은 받은 상패들로 가득 찼고, 이제 그녀는 엄마나 다른 사람들에게 상에 대해 거의 이야기하지 않는다. 너무 당연한 일상이 되어 버렸기 때문이다. 브렌다는 상패를 벽장 속에 집어넣은 채 다음 업적을 향해 매진하고 있다.

그런데 최근에 그녀의 상급자가 사무실에 들러서 이런 말을 건넸다. "브렌다, 이 회사 창업 이래 그 누구보다 당신에게 가장 많은 상패를 주었답니다. 괜찮다면 또 하나의 상패를 주고 싶어요. 하지만 그에 앞서 당신이 얼마나 회사에 공헌했는지 고맙다고 말하려고 이렇게 직접 당신의 사무실에 들렀어요. 당신은 뛰어난 영업 사원일 뿐 아니라 다른 사람들의 사기도 올려 줍니다. 여러 모로 당신은 우리 회사의 영업 사원들 중 가장 소중한 사람이에요. 회사에 대한 당신의 공헌을 제가 진심으로 고맙게 생각하고 있단 사실을 꼭 알아주었으면 합니다. 그리고 다음 주에, 혹시 싫지 않다면 상패를 또 하나 드리고 싶습니다. 하지만 당신이 꼭 알아주었으면 하는 것은 그냥 형식적인 상이 아니라 당신이 수행한 일에 대해 제가 진심으로 고맙게 생각한다는 사실입니다." 상급자의 이 말에 브렌다는 너무나 감사했다. 그가 사무실을 떠난 후, 그녀의 눈에서는 눈물이 흘러내렸다. 그녀는 "그가 정말로 나의 수고를 고맙게 생각하는 걸 알았어"라고 중얼거렸다.

인정하는 말이 브렌다의 제1 칭찬의 언어였음은 분명하다. 그러나 반복되는 칭찬에 그녀의 마음은 굳어졌다. 그러다 상급자가 굳이 시간을 내어 자신의 사무실에 들러 칭찬의 말을 전했다는 사실이 그녀를 감동케 했다. 이것은 동료들 앞에서 공개적으로 칭찬을 받는 것보다 훨씬 더 효과적이었다. 브렌다의 상급자는 두 가지 언어, 함께하는 시간과 인정하는 말을 동시에 사용한 것이다.

그렇다면 제1 칭찬의 언어가 잠시 변하는 시기를 어떻게 알 수 있을까? 때로는 현재의 상황을 인정하면 직관적으로 알아차릴 수 있다. 마이클의 동료들은 그의 아내의 병을 안 다음 무엇을 돕고 어떻게 대처할지를 본능적으로 포착했다. 그들은 "마이클의 칭찬의 언어가 뭐지?"라고 생각하지 않았다. 대신 "이 상황에서 도움이 될 만한 일은 뭐지?"라고 생각했다. 동시에 그들은 마이클을 충심으로 존중해 주었다. 이처럼 사람들의 삶의 정황에 리듬을 맞추면, 어떤 도움이 가장 의미 있을지를 직감적으로 알 수 있다.

반면에 브라이언의 상급자나 동료들은 근사한 식당 상품권이 더 이상 그에게 의미가 없다는 사실을 몰랐을 수 있다. 그러므로 이 경우에는 브라이언 자신이 근사한 식당 상품권보다는 공연 티켓을 더 선호한다는 사실을 상급자와 동료들에게 알려 줄 필요가 있다. 이것이 바로 우리가 MBA 검사를 6개월에 한 번씩 다시하도록 권장하는 이유다.

브렌다의 상급자는 그녀의 사무실에 들러 칭찬해 준 것이 그녀에게 그렇게 큰 감동을 줄지 몰랐을 수 있다. 하지만 브렌다가 그의 방문과 인정의 말이 자신에게 얼마나 중요한지 말해 준다면, 그녀의 상급자는 그 깊은 의미를 알고서 다음에도 효과적으로 칭찬할 수 있을 것이다.

토냐, 글렌 그리고 인간관계의 역학

여기서 잠깐 심리학자처럼 생각해 보자. 심리학 초기(1900년대 초부터 1970

년대까지)에 심리학자들의 초점은 주로 개인들 곧 그들의 성격 특성, 행동 유형과 습관, 그들의 사고체계에 맞추어졌다. 하지만 결국 심리학자들은 개인의 행위가 어떤 맥락에서 발생하는 것임을, 즉 독립적이 아니라 시스템(관계들) 안에서 이루어진단 사실을 깨닫게 되었다. 여기서 소위 "시스템 이론"이 개발되었다.

요컨대 사람의 행위와 사고는 그들이 살고 있는 시스템을 파악할 때 가장 잘 이해할 수 있다는 것이 기본적인 발상이다. 이 발견을 통해 결혼과 가족 치료, 그리고 사회 심리학이 개발되었다. 심리학자들은 사회적 맥락(그들이 교제하는 사람들)에서 그 사람의 행동방식을 변화시키는 방법을 보다 철저하게 이해하려고 노력해 왔다. 이때 명백한 사례 중 하나는 십대 소녀가 자신의 할머니를 환영하는 방법과 자신의 친구들을 환영하는 방법의 차이였다.

여기서 말하려는 핵심은, 제1 칭찬의 언어는 누구와 관계를 맺느냐에 따라 변할 수 있다는 사실이다. 예를 들어, 동료에게 기대하는 것과 상급자에게 기대하는 것은 약간 다르다. 다시 말해, 칭찬의 언어는 주로 "우리는 누구인가" 하는 부분에서도 나오지만, 우리가 교류하는 사람의 특성에도 영향을 받는다는 것이다. 이에 관한 쉬운 예는, 현재의 상급자와 소통하는 방법과 이전 상급자들과 소통했던 방법을 비교해 보는 것이다. 당신은 본질적으로 동일한 사람이지만(약간은 변했을지라도), 상급자의 인격적 특성에 따라 서로 다르게 소통하고 반응한다.

이러한 인간관계의 역학은 칭찬의 언어에도 영향을 미친다. 예를 들어 보자. 토냐는 보통 칭찬과 감사의 말을 좋아한다. 이것이 그녀의 제1 칭찬의 언어다. 하지만 토냐의 현 상급자인 글렌은 활력이 넘치고, 극도로 말을 잘하는 마케팅 전문가다. 글렌은 자신이 만나는 모든 사람들에게 긍정적인 말을 하는 아주 역동적인 사람이다. "기막히게 좋은 날이지요! 어떠십니까, 조셉? 어제 저를 위해 해 주신 일에 대해 고맙다는 말을 안 할 수가 없네요. 정말 대단한 일을 하셨습니다!" 이렇게 쉴 새 없이 말한 후에는 곧바로 다른 팀원들에게로 옮겨 간다.

사람들은 글렌이 아주 긍정적이고 격려를 잘하는 사람이라서 좋아한다. 하지만 너무나 자주 칭찬하는 말을 하기 때문에, 그와 가까운 사람들에게는 그 말의 의미가 다소 퇴색되었다. 그래서 글렌이 토냐를 칭찬할 때, 그녀는 고마운 마음 한편으로 약간은 그 말을 무시하는 경향이 생겼다. 단, 토냐가 여전히 고맙게 생각하는 부분은 글렌이 자신의 사무실에 들러서 일의 진척만이 아니라 부서의 성과를 향상시킬 수 있는 제안들도 물어 보는 경우다.

그가 사무실에 들러 충분한 시간 동안 자신과 대화할 때, 자신의 노력과 통찰력에 대해 진심으로 고맙게 생각한다고 토냐는 생각한다. 그녀는 글렌에겐 늘 활력이 넘치며 그가 쉬지 않고 일한다는 것을 안다. 그는 오래 앉아서 대화하지 않으며, 그럴 수도 없다. 쉴 새 없이 오는 전화와 문자 메시지, 혹은 그를 찾아오는 사람들 때문에 방해 받기 십상이다. 글렌은 그와 연락하고자 하는 사람들에게 즉각 반응하기 때문에 늘 다소 산만한 편이다. 이를테면 대화 도중 전화할 사람을 생각해 내고는 즉각 "그 생각 붙들고 있으세요. 케빈에게 무언가 빨리 전할 게 있으니 잠깐만 기다리세요"라고 말하는 식이다. 그래서 그가 시간을 내어 자신을 칭찬할 뿐만 아니라 아이디어들을 들어 줄 때, 토냐는 그의 진정성을 확연히 체감한다.

그런데 흥미롭게도, 함께하는 시간이 바로 토냐의 제2 칭찬의 언어였던 것이다. 적어도 글렌과의 관계에서는 자신의 제1 칭찬의 언어인 인정하는 말보다 이 언어가 훨씬 중요하다.

그럼 이러한 변화를 누가 알아차릴까? 바로 토냐다. 시간이 지나면서 자기 내면의 반응에 주목하는 동안, 상급자로부터 실제적으로 받고 싶은 것이 바로 함께하는 시간임을 깨닫게 된 것이다. 그래서 그녀에게는 자신과 글렌에게 이 두 가지를 명확하게 하는 것이 중요하다. 이에 관해서는 다음과 같이 대화할 수 있다.

"글렌, 잠시 시간 좀 내 주시겠어요? 나누고 싶은 것이 있어요. 알다시피 우리 모두가 칭찬에 대한 MBA 검사를 했잖아요. 기억하실지 모르지만 저의 제1 칭찬의 언어는 인정하는 말이었어요. 저를 격려해 주는 말을 참 좋아하는데, 당신은 그 점에서 아주 탁월하세요. 하지만 최근 제가 깨달은 한 가지는 당신이 제 사무실에 들러서 회사의 효율을 높이기 위한 개선 사항들에 대해 질문할 때 제가 진심으로 고마워하게 된다는 사실이에요. 그러나 오해는 마세요. 저는 여전히 제가 하는 일에 대해 칭찬을 듣기 원하니까요. 다만 회사의 효율성을 높이기 위한 제 아이디어들에 진심으로 관심을 보이실 때면, 저는 참으로 고맙게 생각하게 된답니다."

이제 글렌은 토냐를 효과적으로 칭찬하는 데 필요한 정보를 갖게 되었다. 개인적인 역학 때문에, 글렌에 대한 토냐의 제1 언어는 인정하는 말에서 함께하는 시간으로 변했다. 하지만 동료들과의 관계에선 토냐의 칭찬의 언어가 여전히 인정하는 말이다.

한편 토냐의 경험은 또 하나의 요인을 보여 준다. 바로 제1 칭찬의 언어가 적절한 분량만큼 제공되면, 그때부터는 제2 칭찬의 언어가 더욱 중요하게 대두된다는 사실이다. 토냐의 제1 칭찬의 언어는 인정하는 말이었다. 하지만 글렌이 인정하는 말을 빈번하게 하면 할수록, 그 말의 의미는 점차 퇴색되고 함께하는 시간이 더 큰 의미를 갖게 되었다. 그러나 글렌이 주기적으로 해 주던 인정하는 말을 중단한다면, 토냐의 제1 칭찬의 언어는 다시금 인정하는 말로 복귀할 것이다.

한편 탑의 상황을 보자. 그는 자기 자신에 대한 기대치가 크며 또한 열심히 일하는 사람이다. 하지만 업무의 특성과 회사의 인원 감축으로 인해, 종종 과중한 일로 힘들어 한다. MBA 검사에 따르면, 원래 그의 제1 칭찬의 언어는 봉사였다. 그래서 동료들이 자원해서 그가 하는 프로젝트를 도와 줄 때 진심으로 고마워했다. 그렇지만 탑이 도움을 달가워하지 않는 동료도 있다. 탑은 좀 과묵한 성격인데 그 동료는 쉴 새 없이 말하기 때문이다. 그 동료는 도움을 주면서 계속 수다를 떨고 농담을 한다. 이것이 탑에게는 대단히 산만하고 괴로워서, 그 동료가 도와주는 동안에는 도무지 일에 집중할 수 없다. 이처럼 두 사람의 관계에서 발생하는 개인적 역학 때문에, 그 동료와 관계할 때에만 탑의 제1 칭찬의 언어는 봉사가 아니다. 만약 그 동료가 도움을 주려고 하면, 그는 이제 "아닙니다. 괜찮습니다. 이미 처리했습니다. 물어봐 줘서 고맙습니다"라고 말해 버린다.

지금까지 본 여러 실례들을 통해, 개인적 역학이 칭찬의 언어에 어떠한 영향을 미치는지가 확실하게 파악됐을 것이다. 그렇다면 이제 남은 질문은, "말이 많은 탑의 그 동료는 봉사가 자신과의 관계에서 탑이 받고 싶은 제1 칭찬의 언어가 아니라는 사실을 어떻게 알 수 있을까?"이다. 결국 탑의 MBA 검사 결과를 살펴보고 진정한 도움이 되도록 정성을 쏟아야 한다. 이 점에 관한 우리의 제안은 이렇다. 자신이 생각하는 제1 언어를 말하기 전에 먼저 "이렇게 하면 도움이 되겠습니까?"라고 물어보라. 만약 "아닙니다. 괜찮습니다. 이미 처리했습니다"라는 답변을 적어도 두 번 이상 들었다면, 당신에게 기대하는 칭찬의 언어는 봉사가 아니다.

더불어 이 직설적인 질문은 모든 칭찬의 언어에 사용할 수 있다. 제1 칭찬의 언어가 인정하는 말이라고 생각된다면, 이렇게 물을 수 있을 것이다. "제가 당신에게 칭찬한다면, 인정하는 말이 가장 바람직한 방법입니까?" 이때 그 대답이 "예"라면 인정하는 말을 하라. 그러나 만약 다른 것을 제안하면, 그때는 잘 기억해야 한다. 사람은 자기 자신을 누구보다 잘 안다. 따라서 그들의 답을 통해 그들에게 어떻게 칭찬할지를 결정해야 한다. 제1 칭찬의 언어가 선물로 생각된다면, 이렇게 물어 볼 수 있다. "회사에 대한 당신의 공헌에 제가 얼마나 감사하는지를 표하고자 조그마한 선물을 샀습니다. 하지만 선물이 당신의 제1 칭찬의 언어가 아닐 수도 있다는 생각에 물어보는 것인데요. 어떤가요, 받으시겠습니까?" 이처럼 직설적으로 물어보기 때문에, 그들의 제1 언어가 선물이 아닐지라도 그들은 아마 진심어린 칭찬으로 생각하고 선물을 받을 것이다. 요컨대 "이것이 당신에게 의미 있을까요?"라고 묻는 그 과정을 통해 진정성이 전달될 수 있는 것이다.

이 장에서 말하려는 요점은, 특정 상황이나 특정인을 대상으로 할 경우에는 자신의 제1 칭찬의 언어가 변한다는 사실을 이상하게 여기지 말라는 것이다. 혹시 동료들에게서 똑같은 현상이 발견될 때도 놀랄 필요가 없다. 이 때문에 제1, 제2 칭찬의 언어 개념이 타당성을 잃지는 않는다. 더 정확히 말하면 이것은 삶의 가변성의 수용이자, 우리가 기계가 아니라 살아 있는 인간(human-being)이라는 의미이다.

그러므로 자기 내면의 반응과 동료들의 반응을 살피기 바란다. 삶은 정적이지 않다. 시간이 지나면서 사람들과 삶은 변한다. 유능한 경영자는 부하 직원을 잘 알며, 계속해서 알아가고, 필요할 때는 적절한 변화를 꾀한다. 이 장에서 살펴본 요인들은 모두 정기적인 평가의 중요성을 일깨워 준다. 이러한 전향적 평가 결과의 하나는 제1, 제2 칭찬의 언어의 변화나 선호하는 실행 조치들을 손쉽게 발견할 수 있다는 점이다.

'사랑의 언어'와 '칭찬의 언어'의 관련성

5가지 사랑의 언어에 친숙하며 개인 관계에서 자신이 선호하는 사랑의 언어를 식별하는 과정을 이미 거친 사람들은, 대개 두 언어 간의 연관성에 강한 호기심을 갖는다.(이 책들에 대해 더 많은 정보가 필요하다면 『5가지 사랑의 언어』를 참조하라.) 우리는 자주 "개인의 사랑의 언어와 칭찬의 언어 간에는 어떤 관계가 있습니까? 똑같습니까? 조금 다릅니까? 아니면 전혀 다릅니까?"라는 질문을 받는다.

먼저 '5가지 사랑의 언어'에 친숙하지 않은 사람들을 위해 맥락을 설명하겠다. 나(게리)는 부부들과 상담하면서 남편과 아내가 흔히 서로 사랑을 표현하는 방법이 다르다는 사실을 발견했다. 이후 몇 년 동안 자료를 수집한 결과, 이러한 사랑의 표현들이 5가지 범주의 언어로 구분된다는 점을 포착했다. 이러한 필자의 연구 결과와 이것이 결혼 관계에 미치는 실제적인 영향은 『5가지 사랑의 언어』(생명의말씀사)에 잘 설명되어 있다.

그리고 이러한 개인적 사랑의 언어가 다른 관계에도 적용된다는 사실을 발견하고 이 주제들에 대해 더 많은 연구를 진행한 결과 『자녀를 위한 5가지 사랑의 언어』, 『십대를 위한 5가지 사랑의 언어』, 『싱글을 위한 5가지 사랑의 언어』를 출간했다. 이 책들은 그동안 40개 이상의 언어로 번역되어 무려 600만부 이상 팔리는 엄청난 반응을 기록했다. 그 다음 단계에서 나는 그 기본 개념들을 관계 회복에 적용한 제니퍼 토마스와의 공저 『5가지 사과의 언어』를 출간했다.

그 다음으로 제기된 문제가 바로 이 책의 주제다. 개인의 친구와 가족 관계에서 선호하는 사랑의 언어가 '일터'에서 선호하는 칭찬의 언어와 어떻게 다른가? 우리는 이 질문에 대한 해답을 얻을 세 가지의 정보원을 가지고 있다. 첫째는 인간 행동의 특성에 관한 이론적 관점이고, 둘째는 수년 동안 5가지 언어를 가지고 일한 우리의 전문가적 경험이며, 마지막 셋째는 고객들과 잘 훈련 받은 사람들로부터 획득한 정보와 약간의 초기 연구 자료들이다.

지금까지 인간 행동에 관한 연구는 상당히 보편적이고도 일관된 다음 두 가지의 사실을 발견했다.

- 사람은 자신에게 영향을 미치는 중대한 삶의 변화가 없는 한 일반적으로 시간이 지나도 똑같이 행동한다.
- 사람의 구체적인 행동은 환경에 따라, 그리고 특별히 자신이 관계를 맺는 사람들에 따라 달라진다.

우리가 일반적으로 사용하는 "성격"(personality)이라는 개념은 사람들이 다른 이들과 관계를 맺고 행동하는 데 있어 보편적인 유형을 가지고 있다는 신념을 바탕으로 한다. 이 유형들은 예측이 가능하며, 그 사람의 인격이 된다. 하지만 사람의 행동은 관계하는 사람인 배우자, 자녀, 상급자, 친구나 부모에 따라 상당히 달라진다는 사실을 우리는 또한 잘 안다.

그러므로 사람들이 격려, 칭찬, 애정의 행위를 경험하고 선호하는 방식은 시간이 흐르고 상황이 바뀌어도 일반적으로는 유지된다고 할 수 있다. 하지만 다른 이들과 관계 맺는 방법, 받고 싶은 칭찬의 방식은 상대방이 누구인가 그리고 맺고 있는 관계의 유형 변화에 따라 달라질 수 있다.

사랑의 언어와 일터에서의 칭찬의 언어 사이의 관계를 이해하는 두 번째 정보원은 앞서 밝혔듯이 이 개념에 대한 우리의 다년간의 경험이다. 특히 우리 중 한 명(게리)은 개인 관계에서의 사랑의 언어에 더 경험이 많은 반면, 다른 한 명(폴)은 일터를 기초로 한 관계와 칭찬의 언어 쪽에 더 경험이 많다.

그러나 우리 두 사람은 모두 동일한 결론, 즉 시간이 지나도 개인이 선호하는 언어들에는 환경이나 관계 유형과 상관없이 적정한 상관관계와 공통분모가 존재한다는 사실을 발견할 수 있었다. 다만 그 공통분모가 정확하게 일치하지는 않으며, 가장 선호하는 언어들과 선호하지 않는 언어들 전체를 망라하여 양자 모두 차이를 보임도 확인했다. 사실상 이것이 우리의 결론이다.

한편 우리의 훈련 과정을 이수했던 고객들과 개인들 역시 개인적인 사랑의 언어와 일터에서의 칭찬의 언어들에 전반적으로 공통분모가 있다고 알려주었지만 100%는 아니었다. 예를 들어 중학교 교사인 벳시는 이렇게 말했다. "칭찬의 말을 듣는 것은 두 경우 다 제게 소중합니다. 그래서 칭찬하는 말은 두 경우 모두에서 상위 2가지 언어에 속합니다. 하지만 개인 관계에서 함께하는 시간의 중요도가 훨씬 더 높습니다. 남편과 함께하는 시간은 너무나 소중해서 5가지 사랑의 언어들 중 가장 높은 비중을 차지합니다."

또한 회사 감사로 일하는 크리스는 이렇게 말했다. "직장에서나 집에서나 저는 근본적으로 동일한 사람이지만, 직장 동료들에게는 기대하지 않아도 아내에게는 원하는 사랑의 언어 표현이 분명 있습니다. 그래서 이 두 관계에서 제가 선호하는 언어는 서로 다를 것으로 생각합니다." 한편 이와는 반대로 많은 사람들은 자신들의 제1 사랑의 언어와 칭찬의 언어는 같으나 제2 언어는 상황에 따라 달라진다고 말했다.

어느 대학의 조교수들을 연구한 결과, 참여자들의 38%만이 MBA 검사와 5가지 사랑의 언어의 제1 언어가 동일했다. 요컨대 그 집단의 다수에게서는 각각의 경우에 있어 제1 언어가 같지 않았다. 단, 그 결과들을 더 세밀하게 분석하면서 우리는 다음과 같은 사실을 알게 되었다. 즉, 69%의 조교수들은 자신들의 제1 사랑의 언어를 제1 혹은 제2 칭찬의 언어로 가지고 있었다.

예를 들어 함께하는 시간이 자신이 가장 좋아하는 사랑의 언어라면, 함께하는 시간은 제1 혹은 제2 칭찬의 언어에 해당되었던 것이다. 그 결과들은 다른 방향에서 살펴보아도 근본적으로 같았다. 만약 말로 하는 칭찬이 제1 칭찬의 언어라면, 그 경우의 67%는 인정하는 말이 제1 혹은 제2 사랑의 언어였던 것이다.

그러므로 우리는 이렇게 결론 내릴 수 있다. 사람이 선호하는 칭찬의 언어는 삶의 사건들과 단계들, 그리고 관계를 맺는 대상에 따라 시간이 지나면서 뚜렷이 달라진다고 말이다. 마찬가지로, 대부분 개인 관계와 직장 관계에서 자신이 가장 선호하는 언어들 사이에는 상당한 공통점이 존재하지만, 관계의 여건에 따라 종종 차이가 발생한다.

chapter 10

인정과 칭찬은 어떻게 다른가?

이전 장들에서는 일을 잘했거나 장기근속을 한 직원들을 인정하는 것에 대해 이야기했다. 많은 조직들에서 흔히 그러한 인정을 한다. 대부분의 경우, 인정은 리더십 편에서 성과와 장기근속에 대해 칭찬하는 진심어린 행동이다. 언뜻 보면, 그런 식의 인정이 바로 이 책의 주제로 여겨질 수 있다. 하지만 그런 생각은 실수다. 우리는 인정과 칭찬 사이에는 명확한 차이가 있다고 생각한다.

인정의 중요성에 관해 설명한 명성 높은 책으로는 고스틱과 엘튼(Gostick & Elton)이 2009년에 출간한 『당근 원리』(The Carrot Principle)가 있다. 이 책에서 그들은 성과에 기초한 업적들을 공개적으로 인정하라고 강조한다. 그들의 연구는 대부분 1,000명 이상의 직원을 거느린 회사들을 대상으로 한 것으로, 회사에서 높은 성과를 달성한 직원들에게 금전적으로 보상하라고 권하고 있다.

우리 역시 탁월한 일에 대한 공적 인정과 성과에 기초한 보상의 중요성에 박수갈채를 보내지만, 인정과 보상에만 초점을 맞추는 데는 협소하고 뚜렷한 한계가 있다고 생각한다. 그러나 불행히도, 많은 리더들은 인정과 칭찬이 서로 같다고 생각한다. 실제로 팀원 혹은 동료들을 격려하는 방법으로는 인정과 보상보다 칭찬의 언어 모델이 훨씬 더 깊이 있다. 인정과 보상만으로는 메울 수 없는 한계를 만족시키기 때문이다.

한계 1 : 성과를 강조한다

인정(Recognition)이 주로 성과나 목표 달성에 초점을 맞춘다면, 칭찬(Appreciation)은 개인의 가치에 초점을 맞춘다. 분명 직원의 성과 수준도 인정할 만한 부분이지만 유일한 고려 대상은 아니다. 높은 성과를 기록한 직원들이 주어진 과제를 잘 수행하지 못하거나 중대한 실수를 저지를 때도 있다. 그때엔 그들이 조직에 소중한 존재가 아니라고 말해야 하나? 게다가 모든 직원들이 높은 성과를 기록하는 건 아니지만, 모두에겐 다 칭찬과 격려가 필요하다. 즉 인정이 그 사람이 한 일에 초점을 맞추는 반면, 칭찬은 그 사람의 존재에 초점을 두는 것이다.

우리가 한참 테스트를 할 때, 어느 조직의 리더가 이런 견해를 제시했다. "팀원들이 일을 잘했을 경우에만 칭찬해야 합니까? 일을 잘못했을 경우에도 칭찬할 수는 없을까요? 그렇지 않다면, 칭찬은 완전히 성과를 기초로 하는 것 같은데요." 우리는 이 관점에 전적으로 동의한다. 리더들은 팀원들의 긍정적인 행위를 지지하고 강화하려고 하지만, 팀원들은 컨디션이 좋지 않은 때에 오히려 더 격려 받기를 원한다. 사실 팀원이 부적절하게 행동하거나 실수를 저지를 때가 리더에게는 '그럼에도 불구하고' 칭찬해 줄 수 있는 좋은 기회다. "매트, 오늘은 일이 잘 안 되는 것 같은데. 뭐, 내가 도와줄 일 없겠나?"라고 말하면 팀원은 대단히 고맙게 생각할 것이다. 그리고 당신은 성과와 상관없이 그들을 지지한다는 것을 보여 주게 될 것이다.

또한 리더는 행위가 일어난 정황에도 유의할 필요가 있다. 팀원이 자신의 개인 생활에서 큰 어려움을 겪고 있을 수도 있기 때문이다. 사랑하는 사람이 병들거나 죽었을 수 있고, 가정에 갈등이 있거나 건강에 문제가 있을 수도 있다. 이 모든 일들이 업무에 영향을 줄 수 있다.

한편 회사나 조직 내의 변화가 성과에 영향을 미칠 수도 있다. 인원 감축이나 책임 증가, 근무시간 연장 등으로 인해 성과에 차이가 날 수 있는 것이다. 이런 경우라면 직원들이 자신의 새로운 역할과 책임을 파악하려는 과정에서 스트레스와 불안에 시달릴 수 있다.

이때 칭찬과 격려를 활용하는 리더들은 긍정적이고 따뜻한 방식으로 모든 요인들을 다룰 수 있다. 특별히 이처럼 어려운 시기에는, 리더가 팀원들을 성과나 업적에 근거하지 않고, 그들을 한 인간으로 대하는 가치관에 근거하여 적극적으로 칭찬과 격려와 지원을 해 줄 필요가 있다.

한계 2 : 팀 절반을 놓치게 된다

　인정 프로그램을 통해 제공되는 "보상들"에는 칭찬의 언어들 중 단 두 가지만 포함된다. 바로 '인정하는 말'과 '선물'이다. 일반적으로 보상을 수여하는 현장에서는 해당 직원이 달성한 업적과 그가 얼마나 회사에 소중한 사람인가를 격찬한다. 그런 후 보상, 즉 임금 인상, 상여금, 새로운 직위, 선물 등을 준다. 만약 상을 받는 팀원의 제1 칭찬의 언어가 인정하는 말과 선물이라면 그들은 아마 진심으로 고마워할 것이다. 하지만 40~50%의 사람들은 제1 칭찬의 언어가 함께하는 시간이나 봉사이므로, 이런 식의 보상들은 그들에게 진심어린 칭찬이 되지 못한다.

　뿐만 아니라, 인정/보상 프로그램에서는 해당 직원이 고맙게 생각하는 보상의 구체적인 유형을 파악하려는 노력이 거의 수행되지 않는다. 놀랍게도, 예상외로 많은 사람들이 공적으로 인정받거나 주목 받는 것을 좋아하지 않는다.

　우리가 MBA 모델을 적용했던 모든 조직들에서 참여자들에게 "잘한 일에 대해 공개적으로 인정받는 것을 좋아하지 않는 사람들이 있습니까?"라고 물어 본 결과 그랬다. 공적인 인정을 싫어하는 사람들이 항상 몇 명은 있었을 뿐 아니라, 반응의 강도가 주목할 만했다. "상 받기 위해 사람들 앞에 나서느니 차라리 총에 맞아 죽는 게 낫다"라는 말까지 들었으니 말이다. 이처럼 일방적으로 보상을 수여하기보다는, 직원들의 반응과 말을 경청하는 것이 더 중요하다. 예상외로 많은 사람들에게 공적인 칭찬과 선물 증정은 곤혹스러운 일이다.

그럼에도 인정/보상 프로그램을 지지하는 사람들 중엔 여전히 "곤혹스럽다고? 아니, 그들은 좋아하는 게 틀림없어. 사진을 봐. 웃고 있잖아!"라고 말하는 이들이 있을 것이다. 그러나 결코 그렇지 않다! 자기가 공적인 인정을 좋아한다고 해서 다른 사람도 다 그런 것은 아니다. 리더들은 이 사실을 알고 받아들여야 한다.

한계 3 : 하향식 인정이다

인정/보상 프로그램은 대부분 비인격적이며, "하향식" 회사 정책으로 실행된다. 직원들은 이 프로그램이 인격적이고 개별화된 것이라기보다는 고위층에서 일방적으로 결정되어 이루어지는 과정임을 잘 안다. 더욱 심각한 문제는 이러한 접근 방식이 만들어 내는 칭찬의 진정성에 대한 회의다. 이것이 바로 선한 의도를 가진 조직의 리더들이 저지르는 중대하고도 뼈아픈 실수다. 직원을 인정하는 일이나 칭찬하는 일을 "우리 모두가 해야만 하는 것입니다"라는 관리 지침 차원에서 접근하는 것이다.

문제는 직원들이 종종 인정의 표현에 대해 "진정으로 칭찬하는 것인가? 아니면 회사의 인정 프로그램을 준수해야 하기 때문에 하는 말인가?"라고 의심하게 된다는 것이다. 진정성이 없는 칭찬이라는 인식은 조직에 치명적이다. 여러 차원에서 의사소통에 대한 신뢰를 무너뜨리기 때문이다.

실제로 이 문제에 대한 팀원들의 "반발"은 대단했다. 비영리 조직에서 일하는 랜디는 이런 말을 했다. "함께하는 시간이 저의 제1 칭찬의 언어일지라도, 제 리더가 마지못해 저와 함께 시간을 보내는 것은 원치 않습니다. 저와 함께하는 시간을 좋아하지 않는다면야 뭐, 그래도 좋습니다. 하지만 그러는 척하는 건 정말로 원하지 않습니다." 그러므로 부득이 인정 프로그램을 실행할 때라면, 팀원들이 자유롭게 참여 여부를 선택하도록 허용하는 편이 보다 효과적이다.

한계 4 : 비용이 많이 든다

마지막으로 인정/보상 프로그램의 또 다른 불리한 측면은 소요되는 비용 문제다. 현재와 같은 경제 상황에서, 많은 조직들 특별히 비영리 조직, 학교, 정부 기관과 사회적 서비스 기관들은 인정 프로그램에 전형적으로 따르는 상여금, 큰 폭의 임금 인상과 선물에 들어가는 비용을 감당할 여력이 없다. 그리고 많은 경우, 조직의 사명이나 핵심 가치의 관점에서 볼 때도 목표 달성에 대해 금전적으로 보상하는 것은 전혀 "적합"하지 않다.

반면 MBA 모델은 정부 기관, 학교, 기업, 비영리와 사회적 서비스 조직을 비롯하여 어떤 규모의 조직, 어떤 재무적 상황에서든 적용 가능하다. 또한 MBA 모델은 고위층의 승인이나 독려를 기다릴 필요가 없다. 이 프로그램은 조직의 모든 차원에서, 즉 경영자든 상급자든 평직원이든 긍정적인 일터 환경을 원하는 사람이라면 누구라도 시작할 수 있다.

데이브는 이 사실을 잘 보여 준다. 그는 다섯 명의 팀원을 거느린 중간 관리자였다. 그의 위에는 여러 상급자들과 사장이 있었다. 데이브는 우리가 하는 프로젝트를 알고서 자신의 팀이 MBA 검사를 할 수 있는지 물었다. 이후 그들은 검사를 하고 우리와 함께 그 결과를 놓고서 토의했다. 바로 이 칭찬 모델을 적용해 나가는 동안, 그는 동료인 중간 관리자들에게도 이 이야기를 전했고 그들 역시 관심을 갖게 되었다. 몇 주가 지나는 동안, 동료 중간 관리자들은 이 프로그램의 내용과 그것이 데이브의 팀원들과의 관계에 미치는 영향에 대해 계속 들었다. 그리고 얼마 후, 사장이 데이브에게 찾아와서 "리더십 팀이 이 과정을 배우면 좋을 것 같은데 어떻게 시작해야 하지?"라고 물었고, 그렇게 회사 차원의 적용이 시작되었다.

우리는 일터 환경에서 개별화된 칭찬과 격려를 일관되게 적용할 경우, 관계와 태도가 변화되는 현상을 지켜보았다. 이러한 실제 체험의 결과, 이 책에서 말하는 원리들을 실행하면 어떠한 일터 환경에서든 분위기가 개선된다고 강력히 말할 수 있다.

Part 3
꼭 필요한 리더들의 칭찬 언어

11 | 칭찬과 격려는 과연 효과적인가?
12 | 왜 칭찬이 어려운가?
13 | 칭찬할 수 없을 때는 어떻게 해야 하나?
14 | 다양한 분야에서의 칭찬의 언어
15 | 자원봉사 환경에서의 칭찬의 언어

chapter 11

칭찬과 격려는
과연 효과적인가?

특별히 기업의 리더들은 수익성과 투자 수익률에 집중한다. 실제로 투자 수익률은 중역들과 경영자들의 성취도를 점검하는 데 사용되는 잣대 중 하나다. 대부분의 기업 리더들은 직원들이 자신의 일을 즐기고 회사에 대해 긍정적인 태도를 갖기 바라지만, 궁극적으로는 어떤 프로그램이나 활동의 유익성을 회사의 재무 건강에 미치는 영향력의 관점에서 평가한다. 만약 MBA와 같은 어떤 활동이 회사의 건강에 보탬이 되지 않고 초점과 에너지만 빼앗아 간다면, 어느 경영자가 이를 시도하겠는가?

따라서 우리가 MBA 모델을 조직의 리더들에게 소개할 때마다, 궁극적으로는 "왜?"라는 질문이 꼭 나왔다. "왜 직원들을 칭찬하는 일에 관심을 기울여야 합니까? 그들에게는 줄 만큼 보수를 주는 데요. 이런 경제적인 상황에서는 오히려 일자리가 있다는 사실에 감사해야 하는 것 아닙니까? 물론 직원들이 행복하고 자신들이 칭찬받고 있다고 느끼길 원합니다. 하지만 다른 면에서 보면, 우리는 지금 사업을 하고 있어요. 사업은 안아 주거나 듣기 좋은 말만 하는 것이 아닙니다. 제품과 서비스를 제공하면서 이익을 내야 하는 것이죠."

기업의 재무적 건강을 책임지고 있는 사람들에게는 이러한 반응이 특이하거나 불합리한 것이 아니다. 비즈니스의 세계는 냉혹한 현실적 결과가 뒤따르는 가혹한 환경이다. 경영자들과 관리자들은 글로벌 경쟁과 줄어든 예산, 늘어난 세금, 그리고 종종 훈련되지 않은 직원들과 씨름해야 한다. 조직의 성공에 기여하지 못하는 프로젝트에 시간과 에너지를 허비할 사람은 없다. 그래서 "직원들을 지속적으로 칭찬함으로써 내(아니면 내가 소속된 조직)가 얻을 유익은 도대체 무엇입니까?"라는 현실적인 질문이 제기되는 것이다.

이번 장에서는 바로 이 질문에 답함으로써 기업의 리더들이 MBA 프로젝트에 투자하는 시간과 에너지에 비해 수익이 더 큰가의 여부를 판단할 수 있도록 할 것이다.

환경의 변화

2006년에 이 프로젝트를 시작했을 때만 해도, 비즈니스계의 수많은 보고서들은 우수한 직원들을 찾는 데 따르는 문제들을 다루었다. 그 당시 고용주들이 직면한 중요한 문제들은 적절한 훈련을 받지 못한 인력, 바른 직업윤리를 갖지 못한 직원, 베이비 붐 세대의 노화로 인해 줄어든 인력 시장 등이었다.

그러나 지금은 고용주나 직원들 모두가 다른 세상에 살고 있다. 토마스 프리드만(Thomas Friedman)이 베스트셀러 『지구는 평평하다』(The World Is Flat)에서 처음으로 언급했던 경제와 세계 시장의 글로벌화가 이제는 현실이 되었다. 과거에는 기업들이 같은 지역이나 같은 국가의 다른 기업들과만 경쟁했지만, 이제는 대부분의 기업들(그리고 구직자들)이 중국, 인도, 싱가포르, 카자흐스탄, 브라질 등을 비롯한 전 세계 기업들과 경쟁을 벌이고 있다. 기업들은 이제 그 어느 때보다 더 경쟁적인 환경에 처해 있다.

둘째, 2008년에 시작된 경제 침체로 인해 기업 환경이 엄청나게 변했다. 재정적 위기의 여파는 세계 전역에 미쳤다. 미국의 경제 침체는 수백만 개의 일자리를 잃게 만들었고, 수많은 기업들과 직원들이 도산을 면하기 위해 일자리를 도려내야만 했다. 또한 일자리를 지킨 직원들도 각종 수당을 삭감 당해야 했다. 기업들이 생존하면서 동시에 고용을 유지하는 방안을 모색함에 따라, 많은 사람들이 수년 동안 임금 인상이나 보너스 없이 견뎌야 했다. 이처럼 현 상황에서는 고용주와 직원 모두 다 희생을 감수해야 한다. 그러나 보다 근본적인 것은 그저 같이 견디는 일이 아니라, 우수한 직원을 보유하는 것이 기업과 조직을 위해 극히 중요하다는 사실이다.

경영자들의 중대한 관심사 5가지

기업과 조직의 리더들에게 직원들과 관련된 가장 큰 관심사가 무엇인지를 질문하여 얻은 결과는 다음과 같다

- 낙심
- 탈진
- 압박감
- 오랜 세월 동안 구축된 긍정적인 기업 문화의 상실
- 부족한 재정 자원 내에서 직원들을 격려하는 방법

요컨대 재정적인 보상 없이 직원들의 사기를 유지시키는 일이 그 어느 때보다 절박하다. 특히 낙심과 탈진의 위험이 커서, 직원들과 경영자 모두가 관심을 갖고 그 해결책을 찾는다. 오늘날 대부분의 근로자들에게는 고용 안정성, 즉 자신의 일자리가 안전하다는 느낌이 중요하다. 그러나 어떤 고용주도 직원들의 고용 안정을 절대적으로 보장할 수는 없다. 다만 직원들을 소중하게 생각하고 칭찬해 준다면 그들의 두려움이 덜어질 수 있다. 이렇게 하는 최선의 방법은 직원 각자에게 의미 있는 방법으로 그들 각각을 칭찬해 주는 것이다.

이직하는 이유

강의나 컨설팅을 할 때, 나는 이렇게 질문하곤 한다. "사람들이 이직

하는 첫 번째 이유는 무엇이라고 생각합니까?" 이때 가장 자주 듣는 대답은, "더 많은 돈 때문에" 혹은 "더 높은 자리 때문에"이다. 하지만 우리가 아는 한, 더 나은 보수나 더 높은 직위가 대부분의 사람들이 현재의 일터를 떠나는 주된 이유는 결코 아니다. 사실 미국의 어느 일류 회사가 수년에 걸쳐 수천 명을 대상으로 조사한 결과에 따르면, 그 이유는 대략 다음과 같다.

- 신념 : 경영자 89%는 직원들이 더 나은 보수 때문에 이직을 한다고 생각하며, 단 11%의 경영자들만이 다른 이유들 때문에 이직한다고 생각한다.
- 사실 : 실제로는 단 12%의 직원들만이 돈 때문에 회사를 떠나고[1], 88%의 직원들은 돈이 아닌 다른 이유에서 이직한다고 말했다. 사실 이직하는 직원들이 가장 흔하게 말하는 이유는 심리적인 것으로, 신뢰와 존중을 받지 못한다는 느낌 때문이었다. 직원들은 고용주나 상급자들이 자신의 공헌을 인정해 주지 않거나 자신이 존중 받지 못한다고 느낄 때 다른 일자리를 찾았다.

고용주와 경영자들은 이러한 실상을 자신들의 계획에 고려해야 한다. 기업이나 비영리 조직은 직원들이 상급자나 동료들에게 인정받지 못할 경우 우수한 팀원들을 잃게 될 수 있다. 그러나 대부분의 상급자들은 이러한 사실을 인식하지 못하고, 주로 금전적 혜택을 통해서 직원들을 붙들어두려고 한다. 이에 진절머리를 느낀 어떤 사람이 우리에게 말했다. "아무리 돈을 많이 주어도 나를 붙들어 둘 수는 없습니다. 지원 부족 때문에 아무 말도 들리지 않습니다."

흥미롭게도 한 조사 결과에 따르면, 미국에 거주하는 사람들의 약 70%는 일터에서 칭찬이나 인정을 받지 못한다고 말했다.[2]

수많은 직업과 산업에서의 칭찬

우리는 비즈니스계의 많은 리더들이 일터에서의 칭찬에 대해 그릇된 가정을 하고 있다는 사실을 발견했다. MBA 개념을 수용하기에 적합한 직업이나 직장이 있다는 가정이 그중 하나다. 그러나 우리의 경험에 의하면 전혀 그렇지 않다. 문제는 산업이나 업무 환경에 있다기보다는 소유주나 경영자에게 있었다.

우리는 일터에서의 칭찬의 중요성에 대한 연구가 발표되었던 직업과 직장 그리고 업무 환경 목록을 수집했다. 물론 모든 결과를 총망라했다고는 자신할 수 없다. 사실 거의 매월, 새로운 연구 결과들이 발표되기 때문이다. 어쨌든 그 내용을 소개하면 다음과 같다.

의사	변호사
은행원	공공근로자
공립학교 교사	경리
특수교육 교사	보육원 근무자
제조 현장 근로자	회사원
산업근로자	공무원
목사	기업 경영자

재활 카운슬러	정보기술 전문가
사회복지사	교구부속학교 교장
교육 행정가	야구 심판
농구 심판	보조 교사
간호사	버스 기사
경관	호텔 매니저

위의 결과가 보여 주듯, 일터에서 칭찬에 영향을 받는 것으로 나타난 직업과 산업군은 아주 다양했다. 게다가 미국에만 국한되지도 않았다. 유럽, 아시아, 남아프리카, 호주에 산재한 다국적 기업들과 산업에서도 일터에서의 칭찬이 긍정적인 영향을 미친다는 사실이 입증되었다.[3]

데이터가 보여 주는 직무만족도

팀원들을 향한 지속적이고 개별화된 칭찬의 메시지가 조직의 성공에 기여한다는 점을 기업 리더들에게 확신시키기 위해서는, 직무만족도라는 기본적인 개념에서부터 시작할 필요가 있다. 직무만족도는 일을 중심으로 이루어진 조직에서 직원(혹은 자원봉사자)이 현재 수행 중인 역할에 만족하는지를 측정하는 하나의 평가 지표다. 조직 개발과 기업 경영 분야의 연구자들은 이 개념에 대해 많은 연구를 했다. 여기서 직무만족도에 관해 배운 내용을 모두 요약할 수는 없지만, 몇 가지 아주 중요한 연구 결과들만 집약적으로 소개하면 다음과 같다.[4] [5] [6]

직원 이직이 초래하는 엄청난 비용

조직에서 발생하는 가장 큰 비용 중의 하나는 직원의 이직과 충원에 따르는 비용이다. 이 사실을 대부분의 기업 리더들은 이미 알고 있다. 직원 이직 비용을 조사한 아비시와 홀만은 "직원 이직은 공공 분야와 민간 분야에서 공히 생산성과 사기 저하의 가장 큰 요인 중 하나다"[7]라고 말한다.

다른 연구자들 역시 직원 이직의 "가시적인 비용"에 퇴직비, 새 직원 모집 광고와 채용 비용, 후보자 면접을 위한 출장 비용과 선발, 채용, 배치, 오리엔테이션, 상여금과 전환 배치에 관련된 비용 등이 포함된다고 말한다.[8]

더불어 우리의 기업 컨설팅 경험에 의하면, 기업 리더들은 일관되게 신규 직원을 찾아내어 채용하고 훈련하는 과정이 가장 하기 싫은 일들 가운데 하나라고 말한다. 대부분의 경영자들은 일을 성취하는 데 집중한다. 그들은 팀의 목표 달성을 촉진하기 원한다. 반면에 새로운 팀원들을 찾는 시간과 에너지는 업무 방해 요소로 생각한다. 더욱이 이에 대해 훈련 받은 상급자들은 거의 없다. 결과적으로, 그들 대부분은 이 과정에 전혀 능숙하지 않으며 편안해지지도 않는다.

그 외에도 직원 이직에는 숨은 비용과 결과들이 초래되는데, 거기에는 고객과의 관계 단절, 충원 시까지의 업무 공백, 일시적인 생산 손실, 남은 직원들의 사기와 안정감 저하, 효율성 감소, 신규 직원이 업무에 익숙해질 동안 고객 관계에 미치는 영향 등이 포함된다.[9]

더욱이 조직의 입장에서 보면 불행하게도, 이직 가능성이 높은 팀원들일수록 재능이 많고, 잘 훈련되어 있으며, 조직에 공헌할 역량이 큰 사람들이다. 그들은 바로 이런 이유에서 다른 일자리를 구할 기회가 많기 때문에 이직 가능성이 그만큼 높다.[10]

요약하면, 직원 이직은 조직이 통제할 수 있는 비용들 가운데 하나다. 몇몇 연구자들에 의하면 이직이 미국 경제에 초래하는 비용은 연간 최소 5조 달러나 된다고 한다.[11] 따라서 회사가 유능한 직원을 장기근속시킬 수 있다면, 비용 절감 효과는 물론 고객 및 타 회사들과의 관계에서 우위를 점할 수 있다.

직무만족과 장기 근무

그렇다면 기업 리더들이 직원들의 이직률을 줄이려면 어떻게 하는 것이 최선의 방법인가? 전통적으로 고용주들은 고용 유지의 핵심이 금전적 보상 및 그와 유사한 혜택이라고 가정해 왔다. 실제로 일부 사람들이나 산업(특히 금융업계의 고위층)에서는 이것이 유효할지 모르지만, 대부분의 직원들은 꼭 더 많은 돈을 받기 위해 이직하지는 않는다. 오히려 흥미롭게도, 전통적으로 소득 수준이 주요한 인센티브로 간주되어 온 "육체 노동자" 직업들에서도 직무만족도가 직원들의 직장 헌신을 결정하는 핵심 변수들 중 하나로 나타났다.[12]

이처럼 수많은 직업군에서 직원들이 현재의 위치에서 느끼는 만족도는 가장 중요한 장기근속 예측치 중 하나다. 그리고 낮은 직무만족도는 높은 이직률과 직결된다.

때때로 심리학자들을 비롯한 연구자들은 '너무 뻔한 것'을 찾아낸다. 그런 발견들 가운데 하나가 바로 이것이다. 즉, 직원 이직의 좋은 예측 변수는 직원이 다른 일을 찾을 생각을 하기 시작한다는 것이다. 이는 우리가 행위에 대해 일반적으로 알고 있는 사실과 일치한다. 다시 말해, 대부분의 행위(즉, 행동들)는 먼저 생각에서부터 시작되는 것이다. 그 처음 생각에서 또 다른 생각들이 뒤따르고 확대되어, 전체적인 사고 유형이나 신념 체계가 도출된다. 그 다음 단계에서 사람들은 마음속으로 가능한 행동들에 대해 예행 연습을 시작하고, 그 행동들을 할 기회를 탐색하며, 결국에는 자신들이 생각해 온 바로 그 행동을 선택한다.

이 뻔한 과정을 다시금 되짚어 보는 중요한 이유는 하나다. 즉, 직원이 이직에 대해 생각하는 것과 현재의 직무만족도가 밀접하게 연관되어 있음을 강조하기 위해서다. 낮은 직무만족도와 높은 이직 의사 사이에는 명백한 상관관계가 있다. 따라서 고용주가 직원들의 이직을 막으려면 다음 사항에 대해 강한 욕구를 가져야 한다.

- 직원들이 현재 위치에서 높은 직무만족도를 갖게 만들어야 한다. 그래서
- 직원들이 현재의 직장을 떠날 생각을 갖지 않도록 해야 한다. 그래서
- 직원들이 실제로 이직하여 다른 곳으로 가지 않도록 해야 한다.

그럼 이제는 '어떤 요인들이 직원들의 직무만족도에 영향을 미치는가?'에 대해 알아볼 차례다.

직무만족도와 칭찬

직무만족도와 관련된 사안은 매우 중요한 문제이기 때문에, 연구자들은 직무만족도의 예측 변수에 대해 거듭 연구하고 있다. 현재 기업 리더들이 선택할 수 있는 '직무만족도' 측정 도구는 수십 개에 이른다. 연구자들이 발견한 직무만족도 관련 요인들을 추리면 대략 다음과 같다.

- 업무의 복잡성(복잡성이 높을수록 만족도가 높아진다)
- 급여
- 전반적인 근무 조건
- 인정
- 자신의 기량과 재능의 활용 가능성
- 자신의 일이 중요하고 가치가 있다는 인식
- 직장에서 느끼는 인간관계의 질
- 동료 만족도
- 의사결정 통제권
- 임무의 수준
- 업무량

요컨대 일에서 느끼는 만족의 정도는 직원이 주위 사람들로부터 칭찬받는다고 느끼는 정도에 크게 좌우된다고 할 수 있다.

칭찬받고 싶은 욕구는 지위와는 상관없다. 기업 소유주와 최고 경영자들, 제조 회사의 현장 작업자들, 중간 관리자들, 서비스 현장 근무자들 모두가 칭찬이 필요하다고 말한다. 이미 살펴본 대로, 칭찬받고 싶은 욕구는 산업의 종류나 업무의 유형에 따라 제한되지 않는다. 은행원, 건설 노동자, 교사, 투자 자문, 행정요원, 목사, 컴퓨터 프로그래머, 사회복지사 등 모든 사람이 칭찬받는다고 느낄 때 더 즐겁게 일할 수 있다고 말한다. 따라서 중간 이상의 기업 관리자들이 이직하는 주된 이유가 현재 직장에서 칭찬받지 못한다고 느끼기 때문이라고 말하는 것은 전혀 이상한 일이 아니다.

다른 연구 결과들

일터에서의 칭찬은 이제 여러 학문의 연구 주제가 되었다. 이것은 아마도 직무만족도에서 칭찬이 차지하는 중요한 역할에 주목한 결과로 보인다. 또한 이는 수많은 사람들의 개인적인 경험과도 관련이 있어 보인다.

우리는 직관적으로 다음과 같이 단언할 수 있다. 즉, 우리의 공헌에 대해 칭찬하는 환경에서 일하는 편이 똑같은 돈을 받고 동일한 과제를 수행하면서 주변 사람들로부터 인정받지 못하는 것보다 훨씬 즐겁다고 말이다. 실제로 일을 중심으로 이루어진 관계에서 칭찬을 주고받는 것은 직원과 상급자 그리고 동료들 간의 관계의 질을 높이는 것으로 나타났다. 우리가 회사들을 컨설팅하면서 관찰한 흥미로운 사실 하나는, 상급자들보다 일반 직원들이 오히려 동료들에게 효과적으로 격려하고 칭찬하는 법을 더 알고자 한다는 점이었다.

한편 직원들의 직무만족도는 고객 만족에 영향을 미친다. 쇼핑몰에 가서 도움이 필요한 경우를 생각해 보자. 당신은 고객 서비스 담당자를 찾으려고 한다. 하지만 담당자가 통화를 하고 있거나 문자를 보내는 경우가 얼마나 많은가. 그럴 때는 하는 수 없이 끼어들어야 한다. 그럼 그 직원은 마치 당신으로 인해 자신의 하루가 방해를 받은 것처럼 무표정한 얼굴로 빤히 쳐다보며 한숨을 내쉰다. 이런 직원이 당신을 적극 도울 확률은 매우 낮다. 고객으로서의 당신의 반응 역시 아마 긍정적이지 못할 것이다. 연구에 따르면 직원들의 직무만족도가 높을수록, 고객 서비스 평가 등급도 더 높아졌다. 그리고 대부분의 기업주들이 알고 있듯이 고객만족도는 흔히 사업의 성공과 실패를 판가름한다.

현재와 같은 경제 상황에서 기업들은 "더 적게 투입하고 더 많이 만들어내야" 한다. 대부분의 회사들은 높은 생산 수준을 유지하는 동시에 근로자의 숫자를 감축해야 한다. 실제로는 직원을 줄인다는 것이 기업이 생산성을 증대시켜야 함을 의미하는 것이다. 그럼 어떻게 해야 생산성을 높일 수 있을까? 미국에 있는 기업들 대부분은 기계화와 효율성 향상을 통해 생산성을 증대시킬 수 있는 제조 기업들이 아니다. 그러므로 다른 전략을 사용해야 한다. 일부 연구자들에 의하면, 높은 직무만

족도는 높은 생산성으로 이어진다.[13]

우리는 MBA 모델이 거의 모든 기업과 조직에 효과적인 도구가 될 수 있다고 믿는다. 이를 통해 기업들은 다음과 같은 유익을 얻을 것이다.

- 이직률 감소
- 출근율과 생산성 개선
- 고객만족도 증가
- 상급자와 직원, 그리고 동료들 사이의 긍정적인 관계 성립
- 전반적으로 더 긍정적인 기업 문화와 근무 환경 조성

비용이 적게 든다는 것 역시 좋은 점이다. MBA는 일반적으로 기존의 회의나 현재의 구조 속에서 실행 가능하다. 애초부터 MBA 모델은 비용이 적게 들도록 설계되었다. 하지만 그 효과는 엄청날 것이다.

chapter 12
왜 칭찬이 어려운가?

중요한 것은 "당신은 팀원들을 칭찬하십니까?"라는 질문이 아니다. 진짜 중요한 질문은 "팀원들은 당신에게 칭찬받는다고 느낍니까?"이다. 우리는 경험을 통해 "감사 없는 환경"에서 일한다고 생각하는 사람들이 너무나도 많다는 결론에 도달했다. 그러나 많은 경우, 리더들은 팀원들의 이런 감정을 눈치 채지 못하고 있었다. 리더들은 팀원들이 만족스럽게 업무를 수행하고 있는지만 살핀다. 하지만 이 경우, 팀원들은 일에 별로 열정을 쏟지 않으며 자신의 역량을 발휘하지도 않았다.

함께 일하는 사람들에게 칭찬과 격려를 보내는 것이 수월한 환경이라면 그 회사에 근무하는 사람들은 정말로 행복할 것이다. 또한 이런 책이나 칭찬에 의한 동기부여는 필요하지 않을 것이다. 그러나 문제는 효과적인 전달을 방해하는 요소들이 많다는 점이다. 내적인 요소들에는 태도, 생각, 신념이 있고 외적인 요소들에는 회사 구조와 절차 등이 있다. 하지만 이런 요소들은 모두 극복 가능한 것들이다. 지금부터 보편적인 문제 요인들과 그 해결을 위한 우리의 제안을 소개하겠다.

문제 1 : 분주함

우리가 일했던 조직들에서 칭찬이 정규적으로 소통되지 못하는 가장 흔한 이유는 팀원들의 분주함이었다. 이것은 경영자들뿐만 아니라 그 팀원들과 자원봉사 조직에서 일하는 사람들 모두에게도 해당된다. 거의 모든 사람들이 매일의 책임을 다하는 것만으로도 버거워했다. 그러니 누가 일과 후에 둘러앉아 칭찬의 방법을 생각하겠는가? 우리는 여태까지 그런 사람들을 별로 만나지 못했다. "왜 이런 것까지 해야 해?" 이런 질문이 제기되는 데는 최소한 다음 중 한 가지 이유 때문이다.

- 하루 일과 중, 문제점이나 미지의 과제에 할당할 만한 여유 시간의 부족
- 경영자나 고객, 직원 자신의 비현실적인 높은 기대
- 현재의 글로벌 경제의 재정적 압박

그러나 분주함의 원인에 상관없이, 칭찬을 통한 동기부여의 원리를 성공적으로 실행하려면 반드시 이 문제점들을 극복해야 한다. 개인들은 동료가 하는 일을 칭찬하고자 그들을 관찰할 정신적 여유를 가져야

한다. 또한 특정 동료를 칭찬하는 최선의 방법을 찾고 계획하는 데는 정서적인 에너지도 필요하다. 요컨대 사용 가능한 정신적, 신체적, 정서적 "여유"가 없으면 아무것도 변화시킬 수 없다.

✤ 분주함을 극복하는 방법

분주함을 극복하는 가장 중요한 방법은 우선순위를 짜는 것이다. 어떤 일들은 다른 일들에 비해 더 중요하다. 이때 가장 중요한 일들을 우선순위에 두지 않는다면, 다른 일들에 투입되는 시간과 에너지로 인해 만족스런 결과를 얻기가 어려워진다.

우리는 스티븐 코비의 『소중한 것을 먼저하라』[1]와 『성공하는 사람들의 7가지 습관』[2]을 강력하게 추천한다. 이 두 권의 책을 통해 리더들과 팀원들은 자신에게 가장 중요한 것들의 우선순위를 확인하고 매일 그리고 주간 단위의 일상을 꾸릴 수 있다. 기억하라. 우선순위를 자신의 스케줄에 반영하지 않으면, 그 우선순위는 결코 지켜지지 않는다. 코비가 제시하는 '우선순위 4분면'은 '중요한 일/중요하지 않은 일, 긴급한 일/긴급하지 않은 일'로 구성되어 있는데 이것을 알면 우리의 개인 생활과 직장 생활에 큰 도움이 된다.

사실 칭찬하기 위해 시간과 에너지를 투입하는 일은 조직에 큰 유익을 주는 중대한 업무다. 하지만 칭찬은 긴급한 일이 아니어서 우선순위에서 밀려나기 십상이다. 그래서 의도적으로 계획을 세우지 않으면, 중요하지 않지만 긴급해 보이는 일들로 인해 칭찬할 수 없게 된다.

문제 2 : 리더의 사고방식

어떤 조직의 리더들은 칭찬의 언어와 칭찬에 의한 동기부여의 개념을 듣자마자 이렇게 잘라말한다. "어떤 회사에선 도움이 되겠지만, 저희 업체에는 효과가 없을 것 같습니다. 건설 노동자들은 '고맙습니다'라고 말하거나 다른 사람의 감정에 신경을 쓸 정도로 친절하지 않습니다." 이밖에도 금융 기관, 세일즈 조직, 포천 500대 기업, 레스토랑 체인, 자동차 수리업, 기타 다양한 업종의 리더들로부터도 이와 유사한 말을 들었다. 그러나 흥미롭게도 연구 결과는 전혀 다른 그림을 보여 준다. 연구 결과에 따르면, 거의 모든 산업에 종사하는 노동자들의 삶에서 비경제적 보상의 긍정적인 효과가 나타난다.

이처럼 칭찬에 있어 사업이나 조직의 유형은 중요한 요인은 아니다. 진짜 문제는 리더의 사고방식이다. 리더십이 칭찬을 중요하게 생각하지 않으면, 자신을 위해 일하는 사람들을 칭찬할 필요를 느끼지 못하기 때문이다. 따라서 리더의 사고방식이 변하지 않는 한, 팀원들은 사정이 더 나아지길 바라면서 '감사 없는 공동체'에서 어쩔 수 없이 견뎌야 한다.

✤ 리더의 잘못된 사고방식 수정

실제로 우리는 MBA 모델이 사실상 모든 조직 환경에 성공적으로 활용될 수 있다는 사실을 발견했다. 단 하나, 가장 중요한 변수는 개인들이 자신의 일과 조직에 대한 그들의 기여를 리더가 소중히 여기고 있음을 느끼도록 하는 것이다.

다행스런 사실은 부정적으로 반응하는 리더에 비해, 훨씬 더 많은 수의 리더들이 직원들이 칭찬받고 있다는 느낌의 소중함을 인정했다는 점이다. 그들은 MBA 검사와 개인별 맞춤 칭찬의 개념을 배우자마자 곧바로 실천했다. 의외로 전통적으로 "억센 남성"(tough men) 산업들(예컨대 제조업과 건설업 등)에 종사하는 리더들이 칭찬을 자회사 문화의 일부로 만들기 원했다. 그 결과는 직원들의 높은 애사심, 낮은 이직률과 더 높은 직무만족도로 나타났다. 더불어 회사의 수익마저 높아졌다.

한 회사 중역은 중간에 마음을 바꾸었다. 이 개념을 처음 들었을 때, 그는 "나는 직원들이 자기 일에 대해 어떻게 느끼는지 신경쓰지 않아요. 그들은 온통 돈을 버는 데만 관심이 집중되어 있어요. 우리는 그들이 원하는 충분한 보상 시스템을 갖추고 있습니다"라고 말했다. 그러나 세계적인 금융 폭락이 일어난 후에 그는 다시 찾아와서, "돈을 더 투입하지 않고도 직원들을 격려하고 사기를 진작시키는 방법이 있다면, 전적으로 찬성합니다. 어떻게 시작할 수 있지요?"라고 물었다.

문제 3 : 기존 업무도 많다는 느낌

비영리 조직의 자원봉사자 직원들과 일할 때의 일이다. 팀원 한 명이 불쑥 이런 불만을 털어놓았다. "이런 칭찬 모델에는 저도 찬성이에요. 대단한 아이디어라고 생각해요. 하지만 모든 팀원들의 칭찬 언어와 실행 조치들을 알고 있어야 한다는 것은 생각만으로도 질려요. 현재의 업무를 감당하기도 버거운 판에 말이죠." 우리는 그녀의 솔직함과 정직함에 감사하며, 이 말을 이해한다고 말했다. 압도당한다는 느낌은 바쁘다는 것 이상이다. 칭찬의 중압감도 마찬가지다. 일시적 상황 혹은 좀 더 장기적인 생활 방식 하에, 누군가는 쉽게 압도당한다고 느낄 수 있다. 이 경우, 그들은 동료들을 칭찬하는 것을 또 하나의 일로 여기기 때문이다. 그런 사람에게 MBA 검사와 효과적으로 칭찬하는 방법을 신중하게 생각하도록 압력을 가한다면, 그는 분명 아주 부정적이 되고 기분이 상할 것이다. 그래서 우리는 항상 MBA 참여가 자발적으로 이루어지도록 촉구하고 있다.

✤ 기존 업무도 많다는 느낌 극복

정말로 심리학자의 말처럼 들릴지 모르겠지만, 압도당하는 느낌을 지닌 팀원에게 해 줄 수 있는 최선의 대응 방법은 그들의 관점을 인정해 주는 것이다. 최상의 테라피스트의 모습을 모방해, "맙소사, 정말로 압도를 당하는 것처럼 보이네요"라고 표현해 주라. 그런 후에는 그들이 현재 압도당한다고 느끼는 수많은 이유들을 설명해 줄 때 관심을 갖고 경청하도록 하라.

이때 "에이, 뭐 그리 대단한 일도 아니에요. 이미 하고 있는 일을 하라고 요청했을 따름인데요"라고 말하는 것은 일반적으로 도움이 되지 않는다. 그들의 분노를 무시하고 계획을 무리하게 추진하면 대개 저항이나 원한만 낳게 된다. 다만 자신의 감정을 분출하게 하고 리더가 그들의 생각을 들어 주면, "실제로는 뭐 그리 대단한 일도 아니네요. 이렇게 보니 할 수 있을 것 같아요. 아마 전 좀 시원하게 털어놓을 필요가 있었나 봐요. 실제로 동료들도 칭찬받는다는 느낌을 갖길 원하니까요"라고 말하는 경우도 있다. 한편 실제로 하려는 말에 반응하는 것이 아니라, 자신이 들었다고 생각하는 것에 반응하는 사람들도 있다. 그런 경우라면 "단지 묻는 것이었지 무엇을 해 달라는 요청이 아니었음을 분명히 알기 바랍니다"라고 명확하게 덧붙여야 한다. 이렇게 메시지를 명확하게 전달하는 과정을 통해서 저항을 최소화할 수 있다.

중요한 것은 팀원들에게 선택권을 주는 일이다. 이미 언급했듯이, 칭찬 프로그램에 참여하는 것은 자발적이어야지 '하향식' 지시가 되어서는 안 된다. 이 부분을 배려할 때 개인들이 다른 사람들을 격려하기 위해 선택하는 행동의 효과가 제대로 발휘된다. 그래야 동료들을 인정하려는 그들의 노력이 "해야만 하는 것"으로 여겨지지 않는다. 오늘 MBA 검사에 참여하지 않기로 한 직원이 두 달 후에는 자원해서 참여할 수도 있다. 우리는 사람들이 원하지 않는 것을 하도록 강요하지 않는다. 더 효과적인 방법으로 동료들을 칭찬하고 격려하기 원하는 사람들을 돕는 것이 우리가 원하는 일이다.

문제 4 : 효과적인 의사소통을 저해하는 구조와 절차

어떤 사무실 팀과 일하면서, 우리는 후속 조치로서 팀원들을 격려하는 이메일을 보냈다. 그러자 직원 중 한 명이 이런 답신을 보내왔다. "제나를 격려하려고 하는데 이번 주 내내 보지 못했습니다. 우리는 다른 근무조라서 겹치는 시간이 거의 없거든요. 설혹 시간대가 겹치더라도 대개 다른 장소에서 일합니다. 그래서 그녀와 접촉할 기회가 별로 없습니다."

이처럼 때로는 칭찬을 주고받는 과정에 제한이 있을 수 있다. 상이한 일정, 자연스럽게 만날 기회 부족, 다른 프로젝트 참여, 서로 맞지 않은 휴가 등으로 인해 동료들을 칭찬하기가 어려울 수 있다.

또한 극복해야 할 구조적인 문제들도 있다. 거대 기업에서 제기되는 문제는 직접 보고받아야 하는 부하 직원들을 10명 이상 거느린 관리자들에게서 발생한다. 책임지는 사람들이 더 많아질수록 그들 각각의 칭찬의 언어를 알고 거기에 맞추어 칭찬할 기회를 찾는 데 투입되는 노력이 그만큼 커지기 때문이다.

때론 두 명이나 그 이상의 리더들에게 보고해야 하는 구조도 있다. 여러 부서에 걸친 임무를 맡은 경우에 흔히 그런 일이 발생한다. 이때 여러 리더가 이 한 명을 칭찬하는 것은 좋지만, 자칫 누구도 이 직원을 칭찬하지 않는 상황이 발생할 수도 있다.

✤ 구조와 절차의 문제 극복

구조적 문제는 조직 내에 상당히 깊숙이 존재하기 때문에 극복하기가 더 어려울 수 있다. 이런 것은 본질적으로 개인의 문제가 아니라 조직의 문제다. 그러므로 해답은 상급자들이나 고위 경영층이 함께 찾아내야 한다. 이때 답해야 할 진짜배기 질문은 "직원들이 지속적으로 격려와 칭찬을 받도록 하는 최선의 방법은 무엇인가? 누가 이러한 소통 유형과 피드백을 제공하는 것이 가장 바람직한가?"이다.

관리하는 사람들이 많고 관심을 기울여야 할 일이 너무 많은 리더에게는, 칭찬 과정을 시작할 한두 명의 사람을 우선 선발하는 것이 유용하다. 이때 선발될 직원은 '낙담하도록 방치하면 조직이 황폐화되거나', '지금 현재 확실히 낙담한 상태거나 혹은 상급자와 관계가 끊어져 있어 즉각적인 관심이 필요한 사람들'이다. 이처럼 부담된다고 아무것도 하지 않는 것보다는 한두 사람이라도 선정하여 격려하는 편이 더 바람직하다.

문제 5 : 칭찬을 개인적으로 불편해 함

여기에는 크게 두 가지 유형이 있다. 첫째는 오랜 세월 기업 소유자와 경영자들로 지내온 사람들이다. "왜 내가 그들이 하는 일에 고마워해야 하죠? 그 때문에 급여를 주고 있는데요." 이런 태도는 주로 불경기를 겪은 경영진들과 자수성가한 리더들에게서 나타난다. 그들은 어려운 환경을 겪었고, 대개는 가족의 지원도 거의 없었으며, 오로지 근면과 인내와 개인적 열정으로 자신의 분야에서 성공한 사람들이다. 이 리더들은 정신력이 강한 사람들로서 전형적으로 관계나 감정에 많은 관심을 기울이지 않는다. 책임감을 제1 미덕으로 간주하며 다른 사람들의 감사나 칭찬을 기대하지 않는 타입이다. "우리가 마땅히 해야 하는 것"이라거나 "그것이 바로 당신의 할 일이기 때문에"가 그들이 그렇게 행동하는 이유다. 이런 유형의 리더들은 어떤 경우든 칭찬하기를 달가워하지 않는다.

한편 이와 유사한 태도가 젊은 전문가들에게서도 자주 발견된다. 우리는 명석하고 근면한 요즘 세대 전문가들에게서도 저항을 받아 본 적이 있다. 한 젊은 여성은 이렇게 말했다. "저는 스스로 동기를 부여하고 항상 최선을 다합니다. 저는 제가 한 일에 대해 칭찬받기를 원하지 않습니다. 또한 저는 이런 프로그램이 필요하다고도 생각지 않습니다."

칭찬을 개인적으로 불편하게 생각하는 두 번째 유형은 개인 차원에서 소통에 어려움을 겪는 사람들이다. 이런 리더들은 사실 지향적이고 과업 지향적이다. 그들은 주로 일을 완수하는 데 전념하며, 대부분 생산 분야의 탁월한 관리자들이다. 이런 사람들은 목표 달성이 되지 않았을 때 화를 내거나 불만을 터뜨리는 것 말고는 다른 감정을 일체 표현하지 않는다. 때로는 친절하기도 하지만, 그들의 관심사는 오직 "사실"뿐이다. 그들은 동료들을 칭찬하는 것도 어려워한다. 설혹 칭찬을 하더라도 지극히 당연한 결과가 나왔다는 태도로 한다. 많은 경우 그들이 하는 말은 간단하다. "고마워", "잘했어", "훌륭해" 정도가 전부다. 그러고는 다음 목표로 곧장 넘어가 버린다.

이런 사람들은 흔히 감정 표현의 폭이 넓지 못하다. 고마워하면서도 자기 감정이나 생각을 다른 사람과 나눌 생각을 하지 못한다. 그러므로 일부러 유도하지 않으면, 좀처럼 동료들을 칭찬하지 않는다.

✤ 개인적인 불편함의 극복

동료를 칭찬하기를 선천적으로 소중하게 생각하지 않은 직원들은 자기 관점을 끝까지 바꾸지 못하는 경우가 많다. 때로 자신의 사고방식을 고수하며 마음을 열고 새 아이디어를 받아들이려는 노력을 하지 않는 사람들도 있다. 이런 사람을 억지로 변화시키려고 애쓰는 것은 시간과 에너지 낭비다. 그렇게 하면 좌절만 낳는다.

하지만 이런 사람들 중에는 "적극적으로 실상에 대해 귀담아 들으려는" 사람도 있다. 연구 결과는 명백하게 직원들을 칭찬하면 이직률이 떨어지고, 고객만족도가 높아지며, 때로는 생산성도 증대됨을 보여 준다.[3] 일단 이런 효과를 인식하면, 이런 리더들은 흔쾌히 자기 조직 내에 칭찬하는 분위기가 조성되도록 열성적으로 지원한다. 혹시 당신이 이런 부류의 리더라면, 이 책 부록 <칭찬 도구함>에서 '진정한 남자에겐 격려가 필요치 않다는 오해' 편을 읽고 도움을 받을 수 있을 것이다.

한편 어떤 리더들은 "실험 삼아" MBA 모델을 시행하려 할 수도 있다. 이 경우에는 한 실험 그룹이 먼저 MBA 검사를 하고 그 결과를 서로 공유하면 좋다. 상당수의 사람들이 서로 칭찬하면 더 긍정적이고 생산적인 팀이 될 것이며, 리더들이 그 결과를 보면 다른 부서에서도 적용해 보고 싶어 할 것이다.

칭찬을 불편하게 생각하는 두 번째 집단은 내성적이고 사교 기술이 부족하거나 관계 지향적이지 못한 사람들이다. 이러한 부류를 위해서는 그들의 안전지대 내에서 할 수 있는 격려와 칭찬 행동들을 찾아내는 것이 과제이다.

이런 팀원들에게도 더 많은 시스템과 격려가 필요하고, 그들이 실제로 실천하고 있는지를 확인할 점검 장치도 필요하다. 이런 사람들이 성공적으로 동료들을 칭찬하려면 마치 "어린아이와 같은 발걸음"으로 시작할 필요가 있다. 사소한 시도일지라도 반드시 그런 행동들을 현재의 행동 목록 안에 포함시켜야 한다. 바람직한 행위에 가까우면 어떤 행동이라도 칭찬하고 격려해야 한다. 물론 그들의 행위에 대한 칭찬은 그들이 선호하는 칭찬의 언어로 해 주어야 한다.

문제 6 : 어색한 감정 요인

칭찬의 언어 컨설팅을 하면서 경험한 흥미로운 문제들 중 하나가 바로 '어색함 요인'이었다. 이 어색함은 동료들을 어떻게 칭찬하고 격려하는지에 대한 강의를 듣고 나서 그 개념을 일상 업무 관계에 실행하기 위한 계획을 각자가 수립할 때 나타나는 현상이다. 이 시점에서는 자주 이런 말이 나온다.

"칭찬의 필요성에 대해서는 전적으로 동의합니다. 우리에게 가르쳐 준 것을 활용하기 원합니다. 하지만 모두가 단번에 서로를 격려하고 팀원을 돕는 일을 시작해야 한다는 데는 좀 묘한 생각이 듭니다. 어쨌든 우리는 그 일을 또 하나의 훈련 과정으로 받아들이니까요. 그래서 '칭찬 개시'가 일종의 위선처럼 느껴지기도 합니다." 누군가 이런 말을 꺼내면, 일반적으로 그 사무실에 근무하는 대부분의 사람들이 수긍의 표시로 고개를 끄덕이거나 말로써 긍정을 표한다.

이와 관련해서는 크게 두 가지 사항을 다루어야 할 것이다. 첫째, 칭찬의 언어 개념을 알고 훈련의 일환으로 이를 도입한 가운데 동료들에게 다르게 접근하려고 하니 불편함을 느낀다는 것이다. 그래서 자신의 행동이 위선이나 솔직하지 않은 것처럼 보일지 몰라 칭찬과 격려를 주저하게 된다. 실제로 우리는 "그들은 내가 이렇게 해야 하기 때문에 칭찬하는 것으로 생각할 겁니다. 그저 프로젝트 때문에 칭찬한다고 생각할 거예요"라는 말을 가끔 듣는다.

더불어 '어색한 감정 요인'의 두 번째 부분은 다른 사람의 격려 행위를 받는 사람이 진실하지 못한 것으로 여겨 묵살시킬 위험이나 상급자 앞에서 잘 보이기 위해 건네는 말로 여길 경우다. 실제로 조심하지 않으면, 의도의 진실성을 의심받을 수 있는 상황이다. 이처럼 어색한 느낌은 격려 행위를 시작하는 사람과 받는 사람 모두의 내면에서 생긴다. 이때 이 두 가지 사고 유형의 조합을 제대로 처리하지 않고서 그대로 두면, 칭찬 과정이 오히려 관계에 치명적이 될 수 있다. 칭찬의 행동이 진실하지 못하거나 솔직하지 못하다는 생각이 만연하면 어느 누구도 선뜻 칭찬하지 않을 것이기 때문이다.

✤ 어색한 감정 요인 극복

이러한 심각성을 인식하고서, 우리는 어색한 감정 요인을 크게 해소시킬 아주 간단한 조치들을 고안했다. 첫째는 그 가능성을 인정하는 것이다. 각 팀원들에게 적절한 실행 조치들을 개발하는 과정에서 만약 이 문제가 제기되지 않는다면, 우리가 먼저 그 문제를 제기한다. "여러분도 알다시피, 칭찬 개념을 적용하려 할 때마다 여러 차례, 일시에 모두가 서로를 격려하려고 노력하는 것이 약간 어색한 느낌을 갖게 할 겁니다." 이렇게 말하면 실제로 그 사무실의 불안감 수준이 상당히 떨어진다. (심리학 용어로는 이 현상을 "정상화"(normalization)라고 한다. 자신이 경험하는 것이 정상이라는 것을 알려주면 상황과 반응을 보다 쉽게 수용하는 것이다.)

둘째로, 이 경험을 이전의 다른 경험과 결부시킨다. 사람들은 새롭거나 색다른 것을 시도할 때 그 행동이 약간 이상하거나 자연스럽지 않다고 생각할 수 있다. 무엇이든 처음부터 "술술 나오지는" 않는다. (농구 연습, 골프 스윙 자세 조정, 옷이나 헤어스타일 변화, 트레이너와 운동 프로그램 시작 등 그 예는 무수히 많다.) 그래서 우리는 초기의 어색함을 이해하고 수용하도록 격려하지만, 견디고 극복하도록 하기도 한다. 대개는 어색한 느낌이 곧 사라진다.

또한 우리는 어색함이 사라지도록 갖가지 도구도 제공한다. 예컨대 다음과 같은 간단한 문장을 샘플로 주기도 한다. "우리가 훈련 받은 칭찬의 언어 때문에 이렇게 칭찬하고 있다는 것쯤은 저도 압니다, 하지만 저는 실제로 _____하므로 당신을 칭찬합니다."

걱정을 노출시키면 대개 문제가 풀린다. 그리고 그런 상황을 해소하기 위해 유머를 활용하도록 권한다. 어떤 사람이 격려 받았는데 양쪽 다 MBA 검사를 받은 경우, 우리는 이렇게 말할 것을 권한다. "고맙습니다. 저는 지금 마치 소중하게 여겨지고 인정받는 것처럼 기분이 아주 좋습니다." 단, 이 말은 비꼬는 투가 아니라 미소를 지으면서 건네야 한다. 이처럼 동료들이 서로 칭찬하고 격려하는 행동을 시작하면, 대개는 많은 웃음이 터져 나온다.

마지막으로, 우리는 서로에게 의심의 혜택(the benefit of the doubt)을 주고 그들의 행동을 순수하게 받아들이라고 촉구한다. 말하자면 솔직해져야 한다. 새로운 아이디어를 받아들여 일상의 직장 관계에 적용하는 데는 상당한 용기가 필요하다. 하지만 긍정적인 태도와 생각을 가지고, "야, 최소한 시도는 하네. 그 노력이 고마워"라고 말하면 긍정적인 분위기가 번져 나갈 것이다.

실제로 훈련 과정 말기에 이르면 이런 말들을 많이 듣는다. "솔직히 처음에는 이 과정이 어색했습니다. 그런데 제 동료들이 이 프로젝트의 일부로 이렇게 말하고 행동한다는 것을 알면서도, 기분은 좋았습니다. 그들이 어쩔 수 없이 해야만 했던 근사한 말을 듣는 게 이제는 좋아졌습니다." (혹시 이 문제에 대해 더 알고 싶으면, 이 책 부록의 <칭찬 도구함>에서 '어색한 감정 요인을 인정하고 해결하기' 편을 참고하라.)

요약

MBA 모델을 모든 사람과 모든 환경에 쉽게 적용할 수 있다고 주장하는 것은 정직하지 못하다. 분명 쉽지는 않다. 단, 바로 그렇기 때문에 어떤 직원들에게는 동료를 칭찬하는 것이 소중한 "성장점"이 된다. 칭찬을 더 어렵게 만드는 내재적인 특성을 가진 일터들도 있다.

하지만 MBA 개념이 통용되지 않는 회사나 조직은 아직까지 보지 못했다. 여러 문제도 있었지만, 또한 창조적인 사고와 창조적인 문제 해결력을 필요로 하는 경우도 많았지만, 얼마든지 극복할 수 있었다. 무엇보다 가까이서 일하는 사람들을 참여시켜 서로 효과적으로 칭찬하도록 하는 일은 충분히 가치 있는 과정이다.

chapter 13
칭찬할 수 없을 때는 어떻게 해야 하나?

　MBA 모델을 제시했을 때, 한 조직의 리더는 "하지만 저를 위해 일하는 사람을 정말로 칭찬할 수 없을 경우는 어쩌죠?"라고 물었다. 처음에는 농담인 줄 알았는데, 다음 말로 미루어 보아 정말로 진지한 마음이었다. "아니오. 정말입니다. 제가 칭찬할 수 없는 팀원들이 있을 경우에는 어떻게 해야 합니까? 그들이 하는 일이 영 마음에 들지 않는데요." 이 장에서는 바로 이 질문에 대해 답하려 한다.

　팀원을 칭찬하지 못하는 데는 내적·외적인 이유들이 있다. 이때 내적 이유는 우리 자신 안에서 발견되며, 외적 이유들은 특정 동료를 칭찬하지 못하도록 가로막는 업무 환경 자체에 내재한다.

자신의 문제 가려내기

함께 일하는 사람들을 칭찬하지 못하게 만드는 가장 흔한 이유는 그들에 대한 비현실적인 기대치 때문이다. 여러 가지 이유로 엄청나게 높은 기대치를 갖는 사람들이 있다. 그들은 때로 스스로에게도 지나치게 높은 기대치를 가지며, 이러한 수치를 대체로 다른 사람에게도 적용시킨다.

스스로에게 높은 기대치를 갖는 사람들은 극도로 높은 자존감이나 극도로 낮은 자존감을 가지고 있을 수 있다. 그래서 지속적으로 목표를 달성하면, 자신을 좋게 여기고 의기양양해 하며 대단히 성공적이라고 생각한다. 하지만 자신에게 부과한 기대치에 계속 미치지 못하면, 곧 낙심하여 떠날 것이다. 그들은 스스로에게 이렇게 말한다. '이 프로젝트에 최선을 다하지 않았어. 이런 방법은 좋지 않아. 더 잘할 수 있다는 걸 이젠 알아.' 이런 유형은 완벽한 수준에 도달하지 않는 한 스스로에 대해 그 어떤 것도 축하하지 않기 때문에 좀처럼 성공적이라고 생각하지 못한다.

만약 이런 사람들이 높은 기대치를 자기 수하에서 일하는 사람이나 동료들에게 초점을 맞추면, 당연히 상대가 성취할 수 있는 수준보다 더 높은 기대를 갖게 된다. 따라서 그가 무엇을 하든, 자기에겐 전혀 "만족스럽지" 못하다. 결과에 만족하지 못하니 상대를 비판하기 쉽고 더 낫게, 더 빨리, 아니면 더 적은 비용으로 그 일을 수행할 방안들을 강구하게 된다.

물론 다른 사람들에게도 높은 기대치를 갖는 사람들은 흔히 꽤 성공한 사람들로서 의욕과 투지가 넘친다. 사업 소유주, 경영자, 동료, 고객, 협력사 직원 등 누구나 포함될 수 있다. 그들은 의욕과 투지가 넘치기 때문에 천성적으로 남을 몰아붙이며 때로는 극심하게 압박을 가한다.

한편 단순히 비판적인 성격의 소유자이기 때문에 다른 사람들에게 높은 기대치를 부과하는 사람들도 있다. 그들이 꼭 성공한 사람은 아니다. 오히려 그들은 자신들의 지식과 기량을 과대평가하고 있을 수 있다. 그들은 다른 사람들을 비판하는 생활습관을 발전시켜 왔으며, 타인과 좋은 관계를 맺을 수 없다. 만약 자신이 이 범주에 속한 사람이라고 생각된다면 당신 자신을 이해하고, 무엇이 그렇게 비판을 일삼게 만드는지를 파악한 후, 사람들과의 관계에서 나타나는 이러한 파괴적인 유형을 바꾸도록 돕는 유능한 상담자를 찾을 필요가 있다.

특히 리더의 경우, 많은 부하 직원들의 성과 수준에 불만족을 느낀다면, 솔직한 자기 평가를 통해서 비현실적인 기대치를 갖고 있지는 않는지 알아보는 편이 현명하다. 이 질문에 곧장 "아니에요, 저는 그저 높은 기준을 제시했을 따름이에요"라고 답한다면 성급하게 잘못된 결론을 내렸을 수 있다. 그러므로 솔직한 친구를 만나 물어보라. "내가 다른 사람들에게 비현실적인 기대치를 부과하고 있다고 생각하니? 솔직히 답해 주었으면 좋겠다."

정말 심각하다고 생각되면, 똑같은 질문을 두세 명의 친구들에게 해 보라. 이때 자신의 기대치가 정말로 비현실적이라는 결론에 도달하면, 어느 누구도 당신을 만족시킬 수 없기 때문에 당신은 결코 격려하는 사람이 될 수 없음을 깨닫고 그들의 답변을 심각하게 받아들이도록 하라. 여기에는 단지 하나의 해결책만 있다. 자신의 기대치를 낮추고 부하들이 열심히 일할 때 진심으로 칭찬하라.

다른 사람이 일한 것을 칭찬하지 못하는 또 다른 이유는 짜증(개인적 과민증)이 나서다. 우리가 어떤 사람들에게 부정적으로 반응하는 까닭은, 그들이 업무를 잘하지 못했기 때문이 아니라 우리의 화를 돋우는 어떤 부분을 그들이 가지고 있기 때문이다.

그러한 짜증은 그들의 성격적인 측면으로부터 비롯됐을 수도 있다. 너무 말이 많다던가, 대화가 안 되는 상대이기 때문일 수 있다. 그들의 책상이 항상 지저분하거나 늘 10분 지각하고 10분 빨리 퇴근하는 사람이기 때문에 그럴 수도 있다. 혹은 그들이 항상 즐거워 보이는 것이 거슬릴 수도 있다. 왜 그렇게 항상 즐거운지가 도무지 이해되지 않기 때문이다. 반대로, 날이면 날마다 가장 친한 친구가 금방 죽은 것처럼 우울하게 보이는 사람도 있을 수 있다.

한편 짜증은 그들이 일을 수행하는 방식 때문에 유발되기도 한다. 그들이 일하는 방식과 당신이 일하는 방식이 정반대라면 특히 그럴 것이다. 그들이 일하면서 음악을 듣는다는 사실에 화가 날 수도 있다. 이어폰을 끼면 일에 전념할 수 없다고 생각하는 부류라면 백발백중이다. 그래서 이어폰을 꽂고 일하는 모습을 볼 때마다 짜증이 난다. 아니면 옷차

림 때문에도 짜증이 날 수 있다. 그들의 복장이 일하는 데 부적합하다는 생각이 들기 때문이다.

때론 그 사람의 생활방식이 당신과 다르기에 기분이 나빠진다. 그들이 왜 코걸이를 하거나 팔에 문신을 하거나 원시인 같은 머리 모양을 하는지 도무지 이해되지 않는다. 이따금은 세대 차이로 짜증이 날 수도 있다. 세상이 마치 자기를 위해 돌아가는 것처럼 행동하는 젊은이 때문에 화가 날지도 모른다.

이처럼 많은 것들이 개인적인 짜증을 유발시킨다. 모든 인간관계에서 다 그렇다. 하지만 명심하라. 사람들은 다 다르다. 더욱이 일터 환경에서 가장 중요한 문제는, "그들이 자신의 일을 만족스럽게 수행하는가?"이다. 만약 그 답이 "예"라면, 비록 다른 문제들로 짜증이 나더라도 그들이 한 일에 대해 진심으로 칭찬해야 한다. 그리고 대답이 "아니요"라도, 리더로서 업무 성과의 문제들만을 다루도록 해야 한다.

우리는 개인들의 성격과 생활방식을 바꾸어 모두가 우리처럼 보이고 행동하도록 만들 수는 없다. 사람들의 차이를 수용해야 하고, 그 행동은 짜증나더라도 격려하는 방법을 모색해야 한다.

상급자들이 칭찬에 어려움을 겪는 또 다른 이유는 불충분하고 부적절한 정보 때문이다. 즉, 자신이 직접 관리하지 않기 때문에 개인들의 역할을 충분히 알지 못해 팀원들을 칭찬하지 못하는 경우가 더러 있다. 조직 내에서 소통이 잘 되지 않은 결과 정보가 부족할 수도 있다. 롭이라는 어느 리더는 이렇게 말했다. "나는 도대체 크리스가 무얼 하는지 모르겠어요. 볼 때마다 이곳저곳을 부지런히 돌아다니고, 이 사무실 저 사무실을 들락거린단 말이죠. 정보기술(IT: Information Technology) 부서 친구 같은데, 자기 사무실에 앉아서 전산 시스템이 잘 작동하도록 해야 하지 않을까요?"

그러자 정보시스템 부서의 임원인 샤샤가 롭에게 대꾸했다. "크리스는 네트워크 전문가입니다. 그의 최우선 임무는 각 사람의 컴퓨터가 네트워크에 제대로 연결되도록 함으로써 다른 모든 사람들과 통신할 수 있게 조정하는 것입니다. 그가 이곳저곳으로 다니는 이유는 컴퓨터가 제대로 작동되지 않는다는 연락을 받고 그 문제를 해결해 주기 위해서입니다. 그는 그들을 직접 찾아가 문제점을 듣고 곧바로 해결합니다. 자신이 할 일을 놓치지 않고 잘해내는 친구죠. 그는 자기에게 주어진 일을 아주 잘하고 있습니다."

"아, 알겠습니다. 그것이 그가 할 일이군요. 훌륭합니다!" 약간 수줍은 듯이 롭이 대답했다.

혹시 당신에게 직접 보고되지 않는 사람의 업무 성과가 궁금하다면, 그 사람의 직속 상급자에게 물어보는 편이 현명하다. 당신의 우려는 단순히 정보 부족에 기인할 수 있다. 그래서 샤샤와 대화한 지 이틀 후 복도에서 크리스와 마주친 롭은 이렇게 격려할 수 있었던 것이다. "크리스, 샤샤로부터 일을 아주 잘한다고 들었네. 회사를 위해 그렇게 열심히 일해 주니 참으로 고맙네." 그러자 크리스는 기분이 좋아졌다. 시간을 투입하여 정보를 획득했기 때문에 롭은 진심어린 칭찬을 할 수 있었다.

진정한 칭찬을 하기 어려운 여러 가지 다른 내적 문제들도 있지만, 여기서는 보편적인 문제들을 다루고자 한다. 그 가운데 세 가지를 살펴보자.

성과의 문제

일반적으로 경영자가 직원에 만족하지 못하는 데는 타당한 이유가 있다. 그것은 경영자의 내적인 사고방식과 관련된 것이 아니다. 경영자가 칭찬하지 못하도록 만드는 객관적인 요인은 직원이 자신의 직무를 제대로 수행하지 못했기 때문이다. 이런 일은 거의 모든 조직에서 발생한다. 자신의 업무를 제대로 하지 못하는 사람이 늘 있는 것이다.

이런 낮은 성과에는 여러 가지 이유들이 있다. 우리가 발견한 가장 보편적인 요인 세 가지는 이런 것이다. 첫째, 직원들의 가정에 문제가 있을 수 있다. 이혼할 경우, 업무 성과에도 부정적인 영향을 미치는 것으로 알려져 있다. 또한 자녀에게 법적인 문제나 건강상의 문제가 발생했을 경우에도 부모의 업무 성과에 부정적인 영향을 준다.

또한 직원에게 신체적인 문제가 있을 수도 있다. 만성적인 질병에 시달리고 있거나 약물치료를 받고 있는 직원들은 쉽게 드러나지는 않더라도 일터에서 어려움을 겪을 수 있다. 최근에 오래 사귀던 연인과 헤어진 아픈 경험을 한 싱글인 경우엔 일에 집중하지 못할 가능성이 크다.

혹은 단순히 노동관의 문제일 수도 있다. 즉, "꼭 필요한 만큼만 일한다"는 태도를 가지고 있는 경우다. 그들은 그저 호구지책의 수단으로 일을 할 뿐이다.

사실 리더의 입장에서는 그 직원에게 직접 묻지 않는 한 도대체 무엇 때문에 낮은 성과가 나오는지 알 길이 없다. 많은 경영자들은 부딪치기를 좋아하지 않기 때문에 낮은 성과를 기록한 직원 문제를 몇 개월 동안이나 방치한다. 하지만 그렇게 놔둔다고 상황이 해결될 리 없다. 그래서 경영자는 점차 더 좌절하게 된다. 분명 이런 상황에서라면 직원을 칭찬하기가 어려울 것이다.

이럴 때는 그 직원과 터놓고 솔직히 대화해야 한다. 친절하지만 직설적인 접근 방식이 필요하다. 예컨대 이렇게 말하라. "제프, 최근 몇 주 동안을 지켜보니 제대로 성과를 내지 못하는 것 같은데, 뭔가 걱정거리가 있나? 내가 도울 수 있는 일이면 돕고 싶은데 말이야." 이렇게 배려하고 접근하면 솔직한 답변을 들을 수 있다.

무엇보다 이런 정보를 입수하게 되면 리더는 팀원을 도울 수 있다. 자신의 직원과 그런 대화를 한 어느 경영자는 그의 아들이 마약 중독인 것을 알았다. 그는 직원 아들에게 알맞은 치료 프로그램을 찾도록 도움을 줄 수 있었다. 이 과정에서 그들의 우정은 깊어졌고, 직원의 생산성은 높아졌다. 마침내 경영자는 그에게 진정으로 칭찬할 수 있었고, 그 직원은 경영자에게 진심어린 고마움으로 화답했다.

한편 만족스런 성과를 올리지 못하는 두 번째 이유는 자신의 직무에 맞는 적절한 훈련을 받지 못했기 때문이다. 우리의 경험에 따르면 이것은 낮은 업무 성과의 가장 보편적인 이유였다. 상급자들은 직원들이 기량과 지식 기반을 이미 갖추었거나, 스스로 맡은 일을 해낼 수 있을 거라고 생각한다.

그러다 몇 주나 몇 개월이 지난 후에야, 동료들은 그 직원이 업무를 만족스럽게 수행하지 못한다는 사실을 알게 된다. 대개 상급자는 이런 실상을 모른다. 인적자원 부서에서 새로운 직원들을 적절하게 선발했으리라고 생각하기 때문이다. 하지만 적절한 업무 수행에 요구되는 모든 기량과 정보를 가진 직원들을 뽑는 경우는 그리 많지 않다.

직무 수행에 필요한 훈련을 받지 못했다는 사실을 알았을 때 가장 긍정적인 반응은 훈련을 받도록 해 주는 것이다. 그런 훈련은 여러 방법으로 할 수 있다. 예를 들어 며칠 동안 숙련된 직원과 함께 일하도록 배려해 줄 수 있다. 혹은 직무 수행에 필요한 기량을 학습하도록 가까운 기술 연수원에서 훈련을 받게 할 수도 있다. 만약 직원이 제시한 훈련을 받기 꺼려한다면 그때에는 직원을 해고하는 절차를 밟아야 한다.

그러나 요즘 같은 세상에선 대부분의 직원들이 자신의 일자리를 유지하기 위해 기꺼이 훈련 받으려 한다. 이때 그가 주도적으로 학습을 하여 자신의 성과 수준을 높여 간다면, 경영자는 그 직원을 진심으로 칭찬할 수 있을 것이다. 이렇게 되면, 직원은 격려를 받는다고 느끼고 앞으로도 계속해서 최선을 다할 동기를 부여 받을 것이다.

낮은 업무 성과의 세 번째 이유는 조직의 효과적인 평가, 피드백, 지도, 교정 절차가 제대로 작동하지 않기 때문이다. 문제는 직원들의 성과를 평가하고, 정기적으로 피드백을 주고, 교정 지침을 주는 확립된 절차가 없다는 점이다. 이것이 팀원과 상급자 모두를 곧잘 좌절하게 한다.

이 경우에는 다음과 같은 생각이 도움이 된다. 즉, 우리 모두는 "성장 분야"를 가지고 있다. 이에 리더들과 팀원들은 무엇이 잘되고 있는지, 그리고 무엇을 개선해야 하는지에 대해 서로 소통하는 시간을 정기적으로 가질 필요가 있다. 이런 체계적인 절차가 제대로 마련되지 않으면 이런 유형의 소통이 일어나기 어렵다.

소통 없는 리더는 팀원의 성과에 불만족할 경우, 진심으로 칭찬하는 데 어려움을 겪게 된다. 사실상 직원들에게 실망했기 때문이다. 더욱이 정규적인 피드백 시간이 없기 때문에, 몇 주가 지나는 동안 상급자들의 좌절감은 더욱 심화될 가능성이 크다. 이때 직원들은 상급자의 불만족을 알 수도 있고 모를 수도 있지만, 확실한 것은 상급자로부터 격려의 말을 듣지 못한다는 점이다.

만약 직원으로서 당신의 회사에 그런 평가와 소통 절차가 없다면, 당신의 일을 직접 관리하는 상급자와 대화를 하기 바란다. 이 개념을 소개하고, 그들의 상급자들에게도 이야기하게 하라. 직원들이 이런 우려를 한다고 하면, 현명한 경영자는 경청하고 그런 절차를 마련할 것이다.

한편 직원은 자신들의 직속 상급자에게 피드백을 요청할 수 있다. "제가 잘하고 있는 일은 무엇이고 개선할 점은 무엇입니까?"라고 묻는 것이 최선의 방법이다. 이것은 중대한 문제가 발생되기 전에 피드백을 받고 정정할 기회를 제공하는 요긴한 방안이다. 직원들이 요구하면 대부분의 상급자들은 기꺼이 피드백을 해 준다. 더욱이 긍정적인 변화를 위한 당신의 노력을 보고서, 그들은 당신을 진심으로 칭찬할 것이다.

  반면에, 직원의 성과에 불만족한 경영자는 다음과 같은 말로써 비공식적인 절차를 시작할 수도 있다. "자네 위치에서 더 성공적으로 일하도록 내가 무엇을 도울 수 있을지 자네 의견을 듣고 싶네." 그 후에는 직원의 의견을 경청하라. 그들의 낮은 성과의 이유에 대한 단서를 얻을 수도 있다. 그들의 의견이 합당하다면 즉시 실행하라. 서로 배려하는 대화의 상황에서는, 당신이 관찰한 것을 솔직하게 피드백하고 개선안을 제시할 수도 있다.

  요컨대 회사에 평가, 피드백, 교정 조치의 과정이 없다면 비공식적인 방법을 통해서도 해결이 가능하다는 것이다. 일단 직원들이 긍정적으로 반응한다면, 리더는 이제 진심어린 칭찬을 할 수 있다.

요약

직원들과 상급자들에게 MBA 검사를 하도록 권하다 보면 종종 다루어야 할 다른 문제들이 제기되곤 한다. 사실 우리는 만약 자신의 팀원을 진심으로 칭찬할 수 없다면 인정하는 말을 하지 말라고 상급자들에게 대놓고 권한다. 대부분의 사람들은 진실성이 없는 소통에 대단히 민감한 "감각 기관"을 갖고 있기 때문이다. 따라서 진정성이 없는 칭찬을 받았을 경우 상급자와 팀원 간의 관계는 실제로 해를 입게 된다.

이때에는 차라리 기다리면서 근본적인 문제를 해결하는 편이 낫다. 상급자가 생각하기에 문제가 자기 내면에 있다면, 무엇이 진정한 칭찬을 가로막고 있는지 먼저 찾아내야 한다. (이때는 이 책 부록에 실린 <칭찬 도구함>의 '칭찬이 문제가 되는 경우' 편이 도움이 될 것이다.)

한편 상급자가 판단하기에 앞서 논의한 세 가지 외적 요인들 가운데서 문제가 발생한 것이라면, 직접 팀원 개인의 문제를 다루거나 직원에게 더 많은 훈련 기회를 제공하거나 개인에게 정정 피드백을 주는 정규 절차를 확립하도록 노력해야 한다.

마지막 한마디

오늘날의 비즈니스계에서 경영자 코칭은 리더들이 관계의 문제들을 분석하고 해결하도록 돕는 인기 있는 방법이 되었다. 자격 있는 코치는 경영자들의 기대치가 얼마나 현실적인가를 평가하도록 도와주거나, 직원들과의 관계에서 생겨날 수 있는 개인적인 문제들을 다루는 데 도움을 줄 수 있다. 따라서 대부분의 상급자들은 그러한 코치의 도움을 통해 자신의 인간관계 역량을 강화시킬 수 있을 것이다.

chapter 14

다양한 분야에서의 칭찬의 언어

우리는 MBA모델을 개발하면서, 수많은 조직을 대상으로 시험 프로젝트를 수행했으며 다양한 환경에서 이 모델이 어떤 효과가 있는지를 파악했다. 지금부터는 그 내용을 소개하고자 한다.

비영리 조직들

많은 비영리 조직들(호스피스, 적십자사, 해비타트, 구세군 등)은 직접 서비스를 제공한다. 또한 다른 조직들은 그들이 속한 지역 사회 내에서, 예를 들면 예술지원 단체를 섬기는 식으로 운영된다. 이 조직들은 지역 사회가 자신의 존재와 사명을 알도록 끊임없이 노력해야 하며, 지속적으로 기금

모금을 해야 한다. 따라서 이런 단체의 직원들에게는 계속적인 격려와 칭찬이 필요하다.

비영리 조직에서 일하는 사람들은 흔히 소명감을 가지고 다른 사람들을 섬기려는 진심어린 욕구에 의해 동기를 부여받지만, 그들에게도 칭찬은 필요하다. 비영리 조직의 직원들의 급여는 영리 조직의 급여에 비해 너무나 빈약하다. 비영리 조직은 많은 급여를 주지 않는 것으로 알려져 있으므로, 이러한 여건 하에서 직원들의 사기를 유지시키기 위해서는 칭찬이 더욱 필요하다.

많은 비영리 조직들은 특히 최근 들어 기금 부족에 시달리는 상황이다. 이 가운데 직원들이 해야 할 일들은 실로 엄청나다. 우리는 다양한 비영리 사회 서비스 조직들을 컨설팅했다. 이 조직들은 고귀하고 유익한 서비스를 잘 제공하고 있었지만, 많은 경우 일하기 참으로 어려운 곳이기도 했다. 할 일은 많고, 자원은 부족하고, 지역사회의 인정은 별로 없다. 그 결과 탈진하는 직원의 비율이 매우 높았다. MBA 모델은 이런 비영리 조직 환경에 아주 큰 도움이 된다.

금융 서비스업

금융 서비스업(보험, 투자 자문, 은행)에 종사하는 사람들에게는 MBA 모델이 필요하지 않다고 생각하는 사람들이 더러 있다. 그들은 주로 금전적 보상이 이 분야 사람들에게 동기를 부여한다고 생각한다. 실제로 전문가들에게는 그것이 사실일지 모르지만, 그들을 지원하는 사람들에겐 지속적인 격려가 필요하다. 워낙 요구 사항이 많은 데다 중압감이 큰 업무 환경이기 때문이다.

전국 규모의 생명보험 회사 가운데 최고의 실적을 올리는 회사들을 컨설팅할 때 우리가 가장 많이 들은 말 중에 하나는, "어떻게 해야 이직을 막을 수 있을까요? 일 년이나 일년 반 만에 좌절하고 그만둡니다. 이직 때문에 아주 죽을 지경입니다"였다. 또한 재무 전문가들과는 별개로 사무직원들과의 만남에서도 사무실 관리자, 행정 요원, 그리고 비 영업 부서의 기술자들에게서 상급자들로부터 칭찬을 받고 싶은 욕구가 상상을 초월할 정도로 엄청나다는 것을 알게 되었다.

금전적인 성공에도 불구하고, 이 회사 직원 모두가 자신의 일터에서 만족감을 느끼고 "계속 견디려면" 서로 칭찬과 격려를 받을 필요성이 있다고 인정했다. 그 결과 모든 직원이 MBA 검사를 했고, 서로 격려하기 위해 그 결과를 사용하고 있다.

가족 기업들

미국 기업의 약 85%는 가족 기업이다. 가족 기업은 포춘 500대 기업 중 35%를 차지한다. 사실, 가족 기업이 미국 내 고용의 60%를 담당하고 있을 정도다. 가족 기업의 종류는 건축 회사, 세탁소, 식당, 자동차 딜러, 세차장 등 아주 다양하다. 고용 규모도 한두 명에서 수만 명에 이르기까지 천차만별이다.

　가족 기업들의 공통점 중 한 가지는 일터 내의 관계가 복잡하다는 것이다. 여기에는 흔히 여러 세대의 가족들이 함께 모여 일하는 것도 포함된다. 그래서 기업 경영방식에 대한 관점 차이로 인해 갈등이 생기는 경우가 많다. 또 가족이 아닌 직원과 가족 소유주나 가족 직원들 간의 관계도 고려해야 한다. 이렇게 미로처럼 복잡한 상황에서, 일을 잘했을 때 칭찬하는 능력과 어려운 과업을 헤쳐 나가도록 격려하는 능력은 기업 성공에 필수적이다.

　가족 기업에서 일해 보지 않은 사람들은 놀라겠지만, 종종 모든 직원들 가운데 가장 칭찬받지 못한다고 느끼는 사람들이 바로 가족 구성원들이다. 이것은 보편적인 현상 같다. 동료들마저도 그들이 소유주와 가족 관계이므로 굳이 격려 받을 필요가 없다고 여기는 듯하다.

　이에 어느 가족 기업의 구성원은 이렇게 털어놓았다. "어느 누구도 제가 느끼는 압박감을 이해하지 못할 겁니다. 제가 무엇을 하든, 아버지는 흡족해 하지 않습니다. 가족이 아닌 직원들은 제가 많은 돈을 버는 줄로 착각합니다. 하지만 실제로 제 급여는 생각보다 낮고 회사로부터 배당금도 받지 않습니다. 떠나고 싶지만 가족 관계가 손상될지 모르기 때문에 그렇게 할 수도 없습니다." 이 여성에게 절실히 필요한 것은 자신의 부모를 포함하여 회사 내 다른 직원들로부터 받는 칭찬이었다.

　한편 우리의 경험에 의하면, 기업 소유주들은 일터에서 가장 외로운 집단에 속한다. 그들의 위치와 기업가적 성격을 고려할 때, 기업 소유주들은 직원들로부터 거의 칭찬받지 못한다. 많은 소유주들은 "다 그런 거지, 뭐"라고 결론 내리고 직원들의 칭찬을 기대하지도 않는다. 그러므로 당신이 직원이라면, 사장이 일을 잘할 때 시간과 노력을 들여 그들이 행한 일에 대한 고마움을 전하기를 강력하게 권하는 바이다. 또 그들로 하여금 MBA 검사를 적극 권함으로써 모든 직원들이 그 결과를 알 수 있도록 권면해 보는 것도 좋다.

학교

어떤 학교든 엄청난 압박을 경험하고 있다. 사실 학교는 현대 사회에서 가장 일하기 어려운 환경 가운데 하나다. 선생님들과 교육 전문가들은 국가의 성적 기준을 달성하는 일과, 학습 장애나 행동 문제를 가진 학생들을 다루는 문제 등 온갖 어려움에 직면해 있다. 거기에다 스트레스 가득한 부모들, 이혼 갈등, 마약 남용 등과 같은 문제도 산적해 있어서 마치 탈진하고 좌절하도록 만드는 거대한 가마솥 안에 있는 느낌이 들 정도다.

여기에다 재원 부족과 시설 노후, 미미한 급여 인상 등이 결합되어, 일은 많이 해야 하는데 유형의 보상은 적은 환경이 조성되고 있다. 이런 환경에서는 지속적인 칭찬이 절대적으로 필요하다. 그래야 낙담하지 않고 용기를 잃지 않게 된다. 어느 초등학교 교장 선생님은 이런 말씀을 하셨다. "선생님들을 실제적인 방법으로 격려하는 방법을 아는 것이 제게는 정말로 중요합니다. 급여 인상은 못하지만 그들이 하는 일이 소중하다고 느끼도록 해 주는 일은 얼마든지 할 수 있습니다."

또한 어느 중학교 행정 직원은 MBA 검사에 대해 알고서, 그것이 자기 지역에서 시행하려는 프로그램과 서로 맞아떨어진다고 흥분했다. 그 프로그램은 직원들을 격려하기 위해 훈련하고 자원과 지원을 제공하도록 고안한 것이지만 그를 실행할 실제적인 도구는 없는 상태였다. 이에 그는 먼저 자신의 행정 직원들과 MBA검사를 한 후, 수석 교사들로 하여금 검사를 하고 그 결과를 토의하도록 했다.

초기에는 행정 팀원들과 선생님들 모두 다 열성적이지 않았지만, 몇 주가 지나면서 흥미로운 반응들이 나타났다. 초기에 잘 받아들였던 사람들은 재빨리 MBA 모델을 소화해서 자신의 팀원들과 소통하는 데 활용했고, 자신들이 그 과정의 열성적인 지지자가 되어서 다른 사람들도 활용하도록 독려했다.

회의적이었지만 MBA 모델의 효과를 지켜보았던 팀원들도 시간이 지나자 MBA 모델이 조작이 아니라 진정어린 칭찬에 초점이 맞추어졌다는 사실을 깨달으면서 분위기가 고조되었다.

한편 대학교 환경에도 칭찬에 초점을 맞춘 분위기가 무르익었다. 대학교 환경에서 일해 보지 않은 사람들은, 그곳에서 엄청난 관료주의와 영역 다툼이 주기적으로 일어난다는 사실을 알지 못한다. 거기에는 명확한 위계질서가 존재한다. (대학원생, 조교수, 박사학위를 가진 교수, 정교수, 학과장, 학장 순으로 이어지는 고리가 있다.) 그리고 조직 문화는 많은 경우 대단히 경쟁적이다.

그 결과 조직들은 인간관계에서 그다지 부드럽지 않고, 동료들 사이에도 긍정적이고 협력적인 의사소통은 거의 찾아 볼 수 없다.

다음은 애틀랜타의 조지아주립대학에서 내(폴)가 박사 과정 중에 겪었던 사례다. 우리 과의 학과장이었던 리차드 스미스 교수는 아주 유능한 전문가였다. 그는 또한 온화하고 학과의 직원들을 잘 배려했다. 자신의 전문가적 유능함의 기준이 높았음에도 그는 다른 사람들을 존경과 감사의 마음으로 대했다. 대학 안에서 그를 위해 일하겠다는 직원들이 줄을 설 정도였다. 이처럼 모든 학교에서 칭찬은 긍정적인 결과를 낳는다.

병원

전문 병원에서도 MBA 모델은 효과가 아주 크다. 치과와 치열 교정, 외래환자 물리치료실 등 다양한 분야의 의료 서비스에서도 MBA 프로그램은 성공적이라는 평가를 받았다.

우리는 외래환자 물리치료 센터 한 곳에서 파일럿 프로젝트를 실시했다. 이때 물리치료사, 보조원, 인턴, 행정 직원들이 모두 참가하도록 했는데, 프로젝트 개시 전에 익명으로 사전 테스트를 했다. 우리는 "현재 직위에서 상급자로부터 얼마나 칭찬을 받는다고 생각합니까?", "당신의 동료들과 상급자들은 일을 잘했을 때 당신의 칭찬을 받는다고 생각하는 것 같습니까?" 등과 같은 여섯 가지 질문을 던졌다.

그 후 일차 모임과 MBA 검사를 하고 결과를 받은 후 다시금 같은 질문을 사용하여 사후 테스트를 했다. 그러자 사후 테스트에서 여섯 가지 문항 전부의 점수가 더 높아졌다. MBA 검사 결과만 받고 토의를 하지 않았음에도 그렇게 된 것이다.

그 다음 단계에서는 직원들이 서로 칭찬하도록 실행 계획을 수립하도록 지원했다. 4주 후 진척 상황을 알아보려고 만났을 때, 우리는 다시금 평가 질문에 답하도록 하고 그 점수를 이전의 점수들(검사 전 테스트와 검사 후 테스트)과 비교했다. 역시 모든 문항에서 점수가 높아졌다.

말로 하는 피드백도 대단히 고무적이었다. 어떤 물리치료사는 이렇게 말했다. "정말이지 저희들에게 대단히 유익한 경험이었습니다. 이미 긍정적인 분위기에서 서로 '고마워'라고 말하는 것이 일상적이었지만, 이 과정을 진행하면서 그런 정서가 더욱 강화되고 고양되었습니다." 또 다른 치료사도 "이제는 칭찬이 우리의 일부가 된 것 같습니다. 우리 모두가 더욱 자주 그리고 규칙적으로 칭찬하기 시작했습니다. 칭찬은 이제 일종의 문화처럼 되었어요"라고 말했다. 이후로도 많은 병원들에서 MBA 가치가 발견되길 바란다.

교회와 사역 기관

교회와 사역 기관에 종사하는 사람들은 종종 자신의 직업과 독특한 관계를 맺고 있다. 직업이 자신들의 소득원일 뿐만 아니라, 영적 소명감과 다른 사람들을 섬기고자 하는 마음에서 일하기 때문이다. 특히 많은 교회에서는 직원들이 자기를 희생할 것을 기대한다. 그런 기대 가운데는 다른 곳에서 비슷한 일을 한다면 받을 수 있는 것보다 더 적은 급여를 받는 일도 포함된다.

연구 결과에 의하면, 목사들은 자신이 섬기는 사람들로부터 칭찬받지 못한다고 느낄 때 더 많이 탈진한다고 한다. 우리가 개인적으로 관찰한 결과도 똑같다. 대체로 목사들(부목사, 청년·어린이 담당 목사, 여성 목회자, 예배 인도자)은 자주 비난 받는다고 느끼며, 격려의 말은 듣는 경우는 '극히 드물다'고 생각한다.

한편 교회 및 교회 밖 사역 기관의 직원들을 대상으로 일하면서, 우리는 칭찬에 대한 갈구가 크다는 사실을 발견했다. 이 사람들은 경제적 보상을 바라지 않았고 높은 수준의 칭송도 거의 바라지 않았다. 다만 자신의 시간과 노력에 대해 칭찬받기를 바란다고 솔직하게 말했다. 칭찬이 모자라면 그들은 종종 낙담하고 만다.

이런 조직들 안에는 종종 직원과 자원봉사자에 대한 격려를 도맡아 하는 "격려자들"이 있다. 다른 사람들은 이들을 아주 고맙게 생각하지만 그 일은 소수가 수행하기에 너무 큰일이다. 많은 경우 사람들은 선한 의도에서 자신이 격려를 받는 방법으로 남들을 격려하려고 한다. 그래서 종종 목적한 결과를 얻지 못한다. 교회와 사역 기관에서도 MBA는 효과적인 칭찬의 도구가 된다.

그 외의 영역들

로버트 존슨은 <법과 질서>라는 글에서, 개인적인 유대감을 조성하는 능력이 유능한 리더인지 단순한 행정 관리인지를 구별하게 한다고 주장한다. "상도 좋지만, 팀원들에게 잘한 일에 대해 가슴에 공명이 되는 칭찬을 전하는 과정이 꼭 필요합니다. …때때로 그들이 의심스러운 결정을 내리고 자책할 때엔 심판이 아니라 격려가 필요합니다."[1]

한편 정부 기관에서도 MBA 모델에 적극적인 관심이 있다는 사실을 우리는 알게 되었다. 그곳은 성과에 대한 금전적 보상이나 승진의 여지가 거의 없다. 그 기관들의 서비스를 제공받는 고객으로서, 우리들은 종종 정부 기관에서 일하는 사람들의 낙심하고 냉담한 모습을 본다. 그리고 이곳이야말로 MBA 모델을 이용해 근무 환경과 개인들의 일상을 획기적으로 개선해야 할 영역이라고 믿는다.

호텔과 식당 경영 분야 역시 MBA 모델이 필요하다는 것이 연구를 통해 밝혀졌다. 이미 30여 년간의 연구를 통해, 경영자의 리더십 스타일과 행동이 직원들의 조직 문화에 70% 이상 영향을 준다는 사실이 입증되었다.

실제로 경영층에 대한 직원들의 감정은 회사 조직 문화 인식을 개선하는 주요인이다. 따라서 유능한 경영자는 직원들과 얼굴과 얼굴을 맞대고 하는 소통을 개발하고 개선한다. 그들은 팀워크를 촉진하고 격려하며 칭찬과 고마움을 표시함으로써 직원들에게 배려심과 존중심을 보여 준다.[2]

최근에는 회계사들도 인간관계를 잘 꾸리기 위해서 자신들의 전문 분야에 MBA 모델을 적용할 필요성을 절감하고 있다. 실제로 공인회계사 지도부는 감성지능 스킬이 회계사 직업의 성공에 필수적임을 재차 확인했다. 이러한 스킬을 훈련하는 모델의 일부로서, 공인회계 회사들을 위한 '최고의 실천들'에는 지원과 격려의 네트워크를 구축하도록 사람들을 격려하라는 권고가 포함되어 있다.[3]

지금까지 보았듯, 칭찬과 격려의 역할은 의사와 변호사에서 선생님과 탁아소 근무자, 목사와 상담가로부터 버스 기사와 건설 노동자, 심지어는 야구 심판과 농구 심판에 이르기까지 거의 모든 환경의 노동자들을 대상으로 이루어지고 있다.

chapter 15
자원봉사 환경에서의 칭찬의 언어

　자원봉사란 다른 사람이나 집단, 혹은 조직에 유익을 주기 위해 값없이 시간을 제공하는 행위를 가리킨다.[1] 미국에서는 성인 인구 50% 이상이 일 년에 한 번 이상 자원봉사 활동에 참가하는 것으로 보고되었다. 이것은 수천만 명이 다른 사람들을 위해 어떤 방법으로든 시간을 제공한다는 의미이다. 자원봉사자들을 담당해 본 사람은 알겠지만, 이 엄청난 인력을 관리하는 것도 결코 만만치가 않다.

　자원봉사자들에는 가족, 학생, 청년, 젊은이, 부부, 중년, 노인들이 포함된다. 많은 학생들은 학교 활동의 일부나 걸스카우트, 보이스카우트, 그리고 교회 청소년부와 같은 과외활동 조직들에서 자원봉사를 시작한다. 하지만 많은 대학생들과 젊은이들은 경력 개발과 중요한 개인적 관계를 형성하는 시기에 일시적으로 자원봉사 시간을 줄인다.

성인 여성들의 20%는 어느 시점에서든 자원봉사를 한다. 흥미롭게도, 여성들은 기존의 관계를 촉진하기 위해 자원봉사 활동에 나선다고 한다. 반면에 남성들은 새로운 관계를 맺기 위해서 자원봉사를 시작한다. 많은 성인들은 사업과 관련되는 관계나 네트워킹을 위한 명확한 목적을 가지고 자원봉사 활동을 한다. 이것은 로터리 클럽이나 지역 상공회의소나 기타 비영리 조직과 같은 민간 조직을 통해 이루어질 수도 있다.

대개 정규직에서 은퇴한 노인들이 자원봉사 인력의 대부분을 차지한다고 생각하지만, 연구자들에 의하면 은퇴 후 자원봉사를 시작하는 사람들의 숫자는 의미 있게 증가하지 않는다. 다만 성인기에 자원봉사를 시작한 사람들은 은퇴 후에 더 많은 시간을 기여하기 시작한다.

자원 봉사하는 곳

전 세계적으로, 매주 수십 만의 조직들이 자원봉사자들을 활용한다. 그들이 미치는 영향력의 폭과 넓이는 거의 측정 불가능할 정도다. 잠깐 여러분의 주간 일정과 일상적인 삶에서 접촉하는 조직들의 수를 생각해 보라. 이 조직들의 대부분은 자원봉사자들을 사용한다. 자원봉사자들의 도움을 받는 조직들에는 학교, 병원, 도서관, 스포츠 팀, 방문객 안내소, 공항, 박물관, 동물원, 동물 보호소, 지역사회 축제, 교회, 캠프, 사회 봉사기관, 환경 관련 단체들이 있다.

자원봉사자들은 자신의 시간과 재능을 나눈다. 자원봉사에는 다른 사람들과 함께 시간을 보내는 것, 즉 형제자매가 되어 주거나 노인들과 함께 게임하는 일 등이 포함된다. 이밖에 행정 능력, 음악이나 예술적 재능, 그리고 기타 특화된 전문가적 기술(디자인, 목공, 마케팅)과 같은 특별한 능력을 사용하는 것도 포함된다. 또한 많은 경우 프로젝트 비용 절감을 위해 육체적인 노동이 요구되기도 한다.

자원봉사에는 동물 보호소 봉사, 비영리 조직의 안내 봉사와 같은 일을 정기적으로 돕는 경우도 있고, 산발적으로 시간과 서비스를 제공하는 경우도 있다. 또한 자신이 좋아하는 조직의 연례 모금 행사나 기념식 등을 지속적으로 돕는 개인적 전통에서 행하는 경우도 있다.

이러한 자원봉사자들이 누구이고, 무엇을 하고, 얼마나 자주 하는지에 대해 아는 것은 봉사자들을 모집하고 관리하는 사람들에게 매우 중요한 정보다. 또한 자원봉사자로 참여할 경우에도 무엇을 언제 어떻게 봉사할지에 대해 다양한 기대치를 가질 수 있으므로 이에 대한 정보를 아는 것은 자원봉사를 계속하도록 격려하는 데 중요하다.

자원봉사자 활용의 딜레마

자원봉사자를 활용하는 조직들에는 특유의 딜레마가 있다. 자원봉사자들은 소중한 자원이다. 그들은 서비스를 "무료로" 제공한다.(실제로는 훈련과 관리 비용이 들어간다.) 그러므로 조직들은 자원봉사자들을 활용하여 많은 일들을 할 수 있다. 그러지 않고는 돈 때문에 그 어떤 사업도 수행할 수 없다. 그러나 다른 한편으로, 자원봉사자들은 일반적으로 유급 직원들처럼 신뢰할 수가 없다. 자원봉사자와 조직 간의 업무 관계가 본질적으로 비공식적이기 때문에, 자원봉사자의 신뢰성이 원하는 수준에 미치지 못하는 경우가 많다.

자연히 자원봉사자들은 때로 어떤 것들을 기대하고 어떤 일들은 하고 싶지 않다고 하는 등의 요구 사항을 가질 수 있다. 또한 조직에서의 일로 인해 마음이 상하거나 불쾌할 수도 있다. 이렇게 심란한 상태가 되면 소동을 일으키거나 조용히 자원봉사를 중단하는 경우가 많다.

때로는 자원봉사가 조직에게 득보다는 실이 되는 일도 있다. 대규모의 자원봉사자들을 관리하고 숙박시키고 먹이고 환대를 베푸는 데 투입되는 유급 인력의 비용이 막대할 수 있기 때문이다. 이런 이유에서 일부 회사들은 자원봉사자 활용의 비용이나 효과에 대해 재고하게 되었다. 무엇보다 대부분의 자원봉사 관리자들이 가지고 있는 가장 큰 애로 사항은 자원봉사 기간이 "단기적"이라는 사실이다. 많은 사람들이 자원봉사에 참여하지만, 동일한 조직에서 오랫동안 봉사하는 일은 흔치 않다. 몇 주나 몇 달 동안 봉사하고 그만두는 것이다. 때문에 자원봉사자들의 높은 이직률은 자원봉사를 활용하는 조직의 관리자들에게 큰 골칫거리다.

자원봉사자들의 직무만족의 중요성

직무만족도 역시 영리 조직에만 속하는 문제가 아니다. 비영리 조직에서 일하는 사람들과 자원봉사자들도 자신이 수행하는 일로부터 만족감을 얻기 원한다. 연구자들은 비영리 조직과 그곳에서 일하는 자원봉사자들의 직무만족도의 효과를 검토한다. 자원봉사자의 유지는 비영리 조직의 핵심적인 과제들 중 하나이기 때문이다. 연구자들이 이들 조직에서의 직무만족도의 영향을 조사한 결과, 다음과 같은 내용이 발견되었다.

먼저, 낮은 직무만족도는 이직률을 높인다. 비영리 조직에 몸담은 직원들과 자원봉사자들은 자신들이 하는 일이나 조직을 좋아하지 않을 경우 그만둘 가능성이 높다. 그들은 개인적인 만족을 주지 않는 자리에서 계속 일하려 하지 않고 다른 조직이나 다른 유형의 일을 찾아 이동해 버릴 것이다.

그런데 이직은 서비스의 질에 영향을 미친다. 이직률은 일관되고 질 높은 서비스를 제공하는 능력에 직접적인 영향이 미친다. 높은 이직률로 인해 새로운 자원봉사자들을 적절하게 훈련시키기가 어려울 뿐더러, 경험이 많지 않아 양질의 서비스를 제공하기 어렵다.

자원봉사자들은 자신들의 노력이 인정을 받지 못하기 때문에 쉽게 그만둘 수 있다. 어느 누구도 자원봉사자들의 수고를 알아주거나 인정해 주지 않는다고 느끼면, 그들은 낙담해서 쉽게 그만둔다. 자원봉사자들 역시 상급자들이나 동료들과 유대감을 갖고 지원을 받고 싶어 한다.

그렇지 않으면 그들의 봉사 기간이 짧아진다. 이처럼 인정과 칭찬의 부족이 자원봉사자들이 봉사를 그만두게 하는 가장 큰 요인이다.

따라서 효과적으로 자원봉사자들을 활용하기 위해 인용되는 "최상의 실천들" 가운데는 자원봉사자에 대한 인정과 칭찬이 포함된다. 자원봉사에 기반을 둔 조직들의 효과 개선을 위한 전문가들은 칭찬이 조직의 목표 달성에 핵심 요인이라고 말한다.

자원봉사를 시작하는 이유와 지속하는 이유

심리학자인 나(폴)는 종종 사람들의 삶에서 발생하는 문제 행위들을 다룬다. 분노, 우울증, 체중감량 욕구나 결혼 생활 개선 등 이에 관한 사항은 수없이 많다. 이때 행위를 변화시키려면 그 근본 원리를 반드시 이해해야 한다. 즉, 사람들이 어떤 행위를 시작하는 이유와 그 행위를 지속하는 이유가 종종 다를 때가 있다. 이 점을 이해하는 것이 중요하다.

그럼 먼저 사람들이 자원봉사를 시작하는 이유부터 알아보자.

- 성장 과정에서 몸에 밴 가족의 가치와 생활양식
- 조직 내 구성원들에 대한 요구
- 기존 친구들과의 교제
- 새로운 사람을 사귀기 위해
- 자신이나 자신의 가족을 섬겨 주었던 조직에 보답하기 위해
- 특별한 요구나 위기에 대처하기 위해(홍수, 화재, 쓰나미 등)

- 지역 사회의 특별한 필요에 대한 관심 때문에
- 불행한 사람들을 도우려는 종교적인 신앙과 동기
- 받은 축복을 다른 사람들과 나누려는 개인적 소망

이때, "인정받고자 하는 욕구"가 자원봉사를 하는 이유들 가운데 들어 있지 않음에 주목하자.
그렇다면 자원봉사를 계속하는 이유는 무엇일까? 다음은 일반적으로 거론되는 이유들이다.

- 자신보다 더 큰 대의에 기여하고 있다는 생각
- 개인의 삶이나 자신이 속한 공동체를 변화시킬 수 있어서
- 프로젝트를 함께하면서 만들어진 사회적 관계 때문에
- 자신이 제공한 서비스에 대한 긍정적인 피드백
- 조직이나 대의를 향한 충성심이나 헌신 때문에

비영리 조직의 경영자들에게는 자원봉사자들이 오랫동안 일하게 하는 것이 중요한 과제이다. 따라서 자원봉사자들의 욕구와 바람을 이해하는 것은 장기간의 자원봉사에 있어 핵심이다. 사람들이 자원봉사를 계속하는 이유들을 분석해 보면 다음의 두 가지, 즉 사회적 유대감과 효과에 대한 인식으로 분류된다.
자원봉사자들이 자신이 섬기는 사람들과 동료들, 그리고 조직의 직

원들과 유대감을 느끼면 봉사 기간이 획기적으로 길어진다. 역으로, 자원봉사자들이 다른 사람들로부터 소외감을 느낄 때, 직원들에게 지지를 받지 못한다고 느낄 때, 그리고 자신들이 섬기고 있는 사람들과의 유대감을 느끼지 못할 때는 그만두게 된다.

대부분의 자원봉사자들은 또한 "영향을 끼치기" 원한다. 자신들이 하는 일이 중요하고 다른 사람들에게 긍정적인 영향을 미치고 있다는 것을 알기 원한다. 문제는 많은 자원봉사자들의 노력이 즉각적으로 뚜렷하고 가시적인 효과를 나타내지 못한다는 것이다. 그래서 자원봉사자들은 자신들의 봉사의 효과를 늘 알 수는 없다. 그렇기 때문에 자원봉사자들이 하는 작은 업무가 어떻게 큰 그림에 부합되는지, 그리고 시간이 지나면 어떤 효과가 발생하는지를 알려주는 것이 자원봉사 관리자와 지원 인력들의 중요한 임무이다. 요컨대 자원봉사자들이 자신의 일의 진정한 효과를 이해할 수 있도록 관리자들은 도와주어야 한다.

칭찬은 어떻게 영향을 주는가?

자원봉사자들의 사회적 유대감과 봉사 효과에 대한 인식을 강화시키는 데는 관리자의 역할과 동료들의 격려가 더할 나위 없이 중요하다. 자원봉사자들이 하는 일을 그들에게 의미 있는 방법으로 칭찬해 주면 자원봉사자 유지에 결정적인 영향을 미친다.

이미 언급했듯, 시간을 들여 자원봉사자들이 MBA 검사를 통해 가장 잘 격려 받는 방법과 그들의 제1 칭찬의 언어를 알아내는 조직들이 자원봉사자 관리에서 크게 성공을 한다는 사실을 우리는 발견했다. 관리자들은 또한 무엇이 자원봉사자를 격려하는지 파악했을 때, 적은 시간과 에너지만으로도 격려할 수 있다는 것을 보고 놀라워했다.

그러므로 비영리 조직이나 자원봉사자의 관리자라면, 이 점을 꼭 염두에 두어야 한다. 인정하는 말이 중요한 사람들에게는 쪽지를 쓰고 말로 감사를 표하는 것이 도움이 되지 않겠는가? 선물을 좋아하는 사람들에게는 그들이 좋아하는 작은 선물들을 주는 것이 큰 기쁨이 되지 않겠는가? 함께하는 시간을 의미 있게 생각하는 사람들과 개인적으로 시간을 보내게 되면 얼마나 많은 시간과 에너지가 절감될지 생각해 보라. 함께 일할 때 사기가 올라가는 자원봉사자들과 혼자 일할 때 사기가 올라가는 자원봉사자들이 누군지 안다면 걱정이 좀 덜어지지 않겠는가?

사실 억지로 하는 칭찬에 대해 자원봉사들이 하는 흔한 불평들 중 하나는 "획일적으로" 보인다는 것이다. 우리 내부의 연구에 따르면 공개적인 칭찬은 가장 받고 싶지 않은 칭찬 형태들 중 하나이다. 하지만 비영리 조직의 관리자들은 오히려 이것을 가장 선호한다. 그들은 "올해의 자원봉사자" 상을 주거나 기금모금 행사에서 책임자를 일으켜 세워 공개적으로 칭찬하기를 즐긴다.

따라서 관리자들이 칭찬의 언어를 섬세하게 이해한다면, 훨씬 더 효과적으로 자원봉사자들을 칭찬할 수 있을 것이다. (이에 대해서는 이 책 부록 <칭찬 도구함> 의 '자원봉사자들을 칭찬하는 방법'을 참조하라.)

로라는 사회복지 단체의 관리자로서, 임신하거나 어린아이를 키우는 고등학교 여학생을 멘토링할 자원봉사자들을 모집한다. 멘토들의 목표는 여학생들이 학업을 계속하도록 돕고, 임신 기간 중 정서적 지원을 하며, 엄마의 역할을 잘하도록 실제적으로 훈련시키는 것이다.

우리가 로라와 일하기 시작했을 때, 그녀의 가장 큰 고민은 "어떻게 자원봉사자들을 격려하고 지원해 주어야 그들이 실망해서 그만두지 않을까?"였다. 멘토들은 그 단체가 제공하는 서비스의 '엔진'이다. 따라서 멘토들이 없으면 기차가 멈춰선다. 우리가 개발하는 MBA 검사와 코칭 모델을 안 그녀는 곧바로 시작하려고 했다. 그래서 그녀는 우리로 하여금 바로 다음 자원봉사들 미팅에 참석해서 격려와 칭찬의 개념을 소개하게 했다.(그들 가운데 상당수가 이미 5가지 사랑의 언어를 알고 있었다.) 그리고 자원봉사자들은 모두 MBA 검사를 했다.

2주 후 우리는 검사 결과를 토의했고, 자원봉사자들 각각의 제1, 제2, 그리고 가장 덜 중요하게 여기는 칭찬의 언어를 나타내는 그룹 차트를 보여 주었다. 이처럼 서로를 격려하는 방법을 알고 나자 그들은 흥분했고, 곧 실행 계획을 수립하기 시작했다.

몇 주후 우리는 로라와 함께 사후 점검에 나섰다. 그녀는 MBA 모델이 제공한 정보와 과정이 자신의 팀에 미친 영향력에 대만족이었다. 멘토들의 사기가 높아졌고, 그녀와 팀원들과의 관계도 크게 개선되었다고 말했다.

실상 어느 자원봉사 조직이든 시간을 들여 직원들과 자원봉사자들이 서로의 칭찬의 언어를 발견하도록 돕는다면 로라의 경험이 계속해서 반복될 것이다. 자원봉사자들이 칭찬을 받고 그래서 동료들과 직원들에게 유대감을 느낄 때 동기가 부여되므로, 주로 자원봉사자들에게 의존하는 비영리 조직의 관리자들은 특히나 MBA 통찰을 적극 활용하기를 권한다.

맺는 말
이제는 당신 차례다

    동료들을 칭찬하고 격려하는 것은 당신의 위치에 상관없이 조직에 긍정적인 영향을 미칠 수 있는 강력한 도구다. 하지만 칭찬하고 격려하는 능력과 의지가 일터의 문제 모두를 해결해 주는 특효약이 아니라는 사실은 우리 모두가 잘 알고 있다.

    건강한 일터 환경은 다음과 같은 수많은 요인들로 이루어져 있다.

- 유능한 팀원
- 소통을 촉진하기 위한 효과적인 기술과 절차
- 신뢰하는 관계
- 팀원들의 비전과 목표 공유

- 표준화된 프로세스와 절차들, 그리고 맞추어야 할 기준과 지속적인 성과 점검
- 건전한 교정과 갈등 해소 방법
- 결과에 대한 책임과 보상이 따르는 명확한 책임 한계

조직에 이런 특성들이 더 많이 존재할수록, 목표 달성이 더 쉽게 이루어지고 팀원 각자는 자신의 일을 더욱 즐길 수 있다. 물론 어떤 조직도 완벽할 수는 없다. 각기 고유한 강점과 약점이 있기 때문이다. 그러나 조직 구성원들이 자신의 팀원들에게 가장 의미 있는 방법으로 칭찬하고 격려하는 일에 참여한다면 다음과 같은 좋은 일들이 나타날 것이다.

- 동료들 간의 상호작용이 더 긍정적으로 된다.
- 현존하는 관계의 긴장이 해소되기 시작한다.
- 직원들(그리고 자원봉사자들)이 일터 환경이 더 즐거워졌다고 말한다.
- 유능한 팀원(자원봉사자들 포함)이 조직에 더 오래 근무한다.
- 제품의 품질이 더 높아진다.
- 조직과 관계하는 고객들의 만족도가 높아진다.

칭찬, 비타민 그리고 항생제

지속적인 격려(팀원과 함께하며 인내하도록 격려하는 것)와 칭찬(팀원들이 한 일과 그들의 인격적 특성들의 소중함을 전하는 것)은 비타민이나 항생제의 효과와 매우 유사하다.

비타민이나 항생제는 둘 다 신체의 건강을 돕는 약품이다. 규칙적인 비타민 복용은 건강한 신체를 만드는 구성 요소를 섭취하는 전향적인

습관이다. 또한 항생제는 상처를 입었을 때 감염을 퇴치시키는 화합물이다. 어떤 경우든 둘 다 우리 몸을 건강하게 유지하는 역할을 한다.

비타민과 항생제에는 흥미로운 특성이 있는데 첫째, 비타민이나 항생제는 일반적으로 그리 강력한 것이 아니어서 한 번 복용하는 것으로 영구적이지 않다.(대단히 강력한 항생제도 있긴 하지만, 예외적인 경우이다.) 비타민 한 알을 먹는 것으로는 신체에 별 영향이 없다. 그것들의 효과와 영향은 마치 가랑비에 옷 젖는 것처럼 오랜 시간을 두고 지속적으로 작은 행동들이 연속적으로 수행된 결과다. 성실하게 매일 복합 비타민을 복용하면 건강한 신체에 데 필요한 성분을 섭취할 수 있듯이, 감염이 진행 중일 때 상처를 치료하기 위해서는 항생제를 반복적으로 사용해야 한다.

둘째, 사람은 다 제각각이기 때문에 건강을 유지하는 데 필요한 요소도 제각각이다. 모든 사람의 필요를 두루 충족시켜 주는 비타민제는 없다. 누군가에게는 더 많은 칼슘이 필요하며 어떤 사람들에게는 철분이, 또 다른 사람들에게는 잘 알려지지 않은 미량 원소들이 필요하다. 또한 감염을 일으키는 모든 병균과 박테리아를 죽일 수 있는 단 하나의 항생제도 없다.

국소 항생제는 피부에 난 상처를 치료하는데 적절하지만 폐혈증이나 인두염을 치료하려면 다른 유형의 항생제가 필요하다. 그래서 상황에 적절한 약품을 사용하는 것이 대단히 중요하다. 그러지 않으면 신체는 영양분을 섭취하지 못하거나 건강을 제대로 유지하지 못한다.

마지막으로, 비타민과 항생제는 그 효과가 극적이지 않다. 비타민 복용을 잊거나 상처에 항생제를 쓰는 것을 깜박 잊기 쉽다. 하루나 이틀 정도는 크게 타격을 입지 않겠지만 계속적으로 비타민 섭취나 항생제 복용을 중단하면, 시간이 갈수록 건강은 안 좋아 질 것이다.

칭찬과 격려도 이와 마찬가지다. 단 한 번의 격려로 세상이 변화되거나 동료의 삶이 달라지지는 않는다. 하지만 오랫동안 지속적으로 칭찬과 격려를 의미 있는 방법으로 전한다면 그 효과는 대단할 것이다. 이처럼 조직이 효과적으로 소통하는 건강한 부분들로 구성되어 있다면, 또한 신체가 건강에 해로운 침입자들을 퇴치할 수 있는 방어 체제를 갖추고 있다면, 양쪽 모두 위기를 극복하고 건강을 회복할 수 있게 될 것이다.

자신의 일터에 적용하기

자신이 조직 내에서 어떤 위치에 있든 상관없이, 이 책에서 제공하는 정보와 지식을 습득하여 일상의 관계에 적용하기 바란다. 우리는 한 개인이 동료들을 격려하고 칭찬하기 시작함으로써 일터에 실질적인 변화가 일어나는 사례를 많이 보았다. 따라서 만일 당신에게도 도움이 되었다고 생각하면, 당신의 MBA 검사 결과를 상급자에게 보고하고 더 탐구하도록 격려하기 바란다. 한편 이 책의 말미에 있는 칭찬 도구함을 공유할 수도 있다.

저는 팀원들을 잘 안다고 생각했어요

마지막으로 한 가지 사례를 소개하려고 한다. 국제적인 사회복지 기관의 지역 책임자인 캐시는 세 주에 걸쳐 퍼져 있는 핵심 리더들을 위한 리더십 훈련 과정을 개발할 필요를 느끼고 있었다. 비영리 조직임을 고려할 때, 팀원들은 다른 사람들을 섬기려는 소명감이 남달랐다. 그녀의 팀은 대체로 건강했지만, 끝없이 밀려드는 일과 제한된 자원들로 인해 탈진할 위험에 노출되어 있었다. 이즈음 캐시는 리더십 훈련 과정을 통해서 일터에서의 5가지 칭찬의 언어 프로젝트를 알게 되었다. 자신의 리더들에게 격려와 지원이 필요한 줄 알았지만, 자신의 노력은 "목표를 달성하지" 못하고 있음도 깨달았다.

캐시의 요청에 따라, 우리는 여러 사무실에 흩어져 일하고 있는 그녀의 팀원들을 위해 화상회의 입문 과정을 마련했다. 팀원들에게 MBA 개념을 소개하고, 각 팀원들(약 10명)로 하여금 MBA 검사를 하도록 했다. 또 후속 화상회의를 통해 그 결과를 검토하고 일상생활에서의 칭찬의 언어들을 더 자세히 설명해 주었다.

아울러 초기 실행 계획을 세우도록 도움을 주었다. 집단 도표를 만들어서 각 개인의 제1, 제2 칭찬의 언어, 그리고 가장 덜 중요하게 여기는 칭찬의 언어를 보여 준 다음, 3개월 동안 2주마다 이메일을 보내 이것을 상기시키고 새로운 제안들을 주었다.

그 결과는 대단했다. 캐시는 자신의 팀원들을 구체적으로 격려하는 방법을 알게 되어서 자신이 칭찬하는 데 쏟는 노력의 성과가 크게 좋아졌다고 우리에게 말했다. 그녀는 각 팀원의 제1 칭찬의 언어와 선호하는 행동 목록을 작성했다. 그리고 이 과정을 통해 캐시는 팀원들을 최고로 칭찬하는 방법에 대한 구체적인 정보까지 얻었다.

나중에 캐시는 이렇게 말했다. "오랫동안 함께 일해 왔으니까, 저는 제 팀원들과 그들에게 무엇이 중요한지 잘 알고 있다고 생각했습니다. 하지만 그들 중 상당수를 완전히 잘못 알고 있었습니다. 그들이 선호하는 칭찬의 언어를 파악하고 특별히 그들에게 소중한 구체적인 행동까지 알고 나니, 비록 멀리 떨어져 있어도 훨씬 쉽게 목표를 달성하게 되었습니다."

계속해서 그녀는 이렇게 말했다. "저희 팀의 변화는 놀랍습니다. 저희들의 관계는 한층 더 좋아졌고 서로를 진심으로 칭찬합니다. 누군가 어려움을 겪고 있는 것을 알게 되면 팀원들이 그에게 연락을 취하고 격려합니다. 효과적으로 칭찬하는 법을 학습한 것이 저희들에게는 참으로 '즐거운 일'이 되었습니다."

캐시와 함께 일하던 중에, 그녀는 더 큰 지역의 감독으로 승진했다. 이에 캐시가 말했다. "저는 새로운 팀에게도 MBA를 적용하겠습니다. 엄청난 욕구가 있어요. 관계가 건강하지 못해요. 약간의 말다툼이 가미된 내부 경쟁이 많거든요. 그들에게는 서로 더 긍정적으로 소통하는 방법에 대한 도움과 도구가 필요해요. 무슨 일이 생길지 몹시 궁금해지네요. 어디 한번 잘해 봅시다!" 지금 우리는 이 목표를 위해 캐시와 함께 일하고 있다.

시도해 봅시다!

다양한 유형의 조직과 팀원들과 일하면서 우리가 배운 중요한 교훈은 다음과 같은 원칙이다. 즉, 성공하는 계획과 실패하는 계획의 주된 차이는 그 계획을 실제로 시행하는 정도, 필요시에 정정 조치들을 취하는 정도, 그리고 장기간 그 계획을 실행하는 정도에 달려 있다는 사실 말이다.

칭찬과 격려를 효과적으로 전하는 것은 로켓 과학이 아니다. 이 아이디어들을 지적으로 이해하는 것은 어렵지 않다. 하지만 성공의 열쇠는 대부분의 행동 변화에서처럼, 개념들을 실제로 적용하기 시작하고, 계획대로 되지 않을 때는 "다시 도전하고", 장기간에 걸쳐 인내심을 가지고 노력하는 데 있다.

일(유급이든 무급이든, 의미 있고 생산적인 활동에 종사하는 것)하고 싶은 욕구는 인간의 본성에 내재되어 있다. 그리고 자신의 일을 즐기는 것은 우리 자신의 태도와 관계 안에서 건전한 습관의 실천, 다른 사람의 지지와 존중, 그리고 창조주가 부여한 선물이라는 인식 등 다양한 요인들에 의해 영향을 받는다.

부디 많은 직원들과 자원봉사자들이 이 책의 개념들이 더 긍정적인 일터를 만드는 데 도움이 되는 소중한 도구라는 사실을 알기 바란다. 조직의 정서적 분위기를 고양시키면 더 효과적으로 목표를 달성한다는 것이 우리의 신념이다. 사람들이 자신의 일을 즐기고 상급자나 동료들로부터 칭찬받고 있다고 느끼면, 조직에 대한 충성도가 높아져 조직의 성공을 위해 열심히 일하게 된다.

  이 책이 도움이 되었다면, 다른 조직에 있는 친구들에게도 소개하기 바란다. 우리의 웹사이트(appreciationatwork.com)에 당신의 생각과 성공 스토리도 소개해 주기 원한다. 다른 사람을 효과적으로 칭찬하고 격려함으로써, 당신은 당신 자신과 주변 사람들을 위해 더욱더 긍정적인 일터 환경을 조성하는 기폭제 역할을 할 수 있을 것이다.

부록 1

칭찬 도구함

칭찬 도구함

기업과 비영리 조직들에 MBA 모델을 적용하면서, 우리는 어떤 문제들과 질문들이 반복적으로 제기된다는 사실을 발견했다. 그래서 이렇게 반복되는 문제들에 대한 해결책을 개발했다. 각각의 해결책은 이 책뿐 아니라 온라인(www.appreciationatwork.com)으로도 이용 가능하기 때문에 출력하고 복사해서 다른 사람들과 공유할 수 있다. 각각의 주제에 대해 비디오클립도 만들었으니 웹사이트에 들어가서 보기 바란다.

칭찬 도구함이라는 부록에서는 다음과 같은 질문들을 다루었다.

1. 사람들이 칭찬받고 싶을 때 보내는 신호들
2. 자원봉사자들을 칭찬하는 방법
3. 의미 있는 선물을 주는 방법
4. 칭찬이 문제가 되는 경우
5. 가장 덜 중요하게 여기는 칭찬의 언어 파악하기
6. 어색한 감정 요인을 인정하고 해결하기
7. 진정한 남자에겐 격려가 필요치 않다는 오해
8. 엄청난 비용 지불 없이 직원들을 보상하는 방법
9. 거의 모든 사람을 칭찬할 수 있는 10가지 방법

1. 사람들이 칭찬받고 싶을 때 보내는 신호들

칭찬받고 싶어 하는 동료들에게 둘러싸여 있으면서도 그 사실을 모를 수 있다. 모든 사람들이 "난 존중받고 싶어요"라거나 "탈진했어요. 격려해 주세요"라는 신호를 보내지는 않는다. 물론 낙담하거나 피곤할 때 다른 사람들이 쉽게 알 수 있도록 표정으로 신호를 보내는 사람들도 있다. 반대로, 우리의 간접적인 도움 요청에 동료들이 응할 수도 있다. 하지만 많은 사람들은 그런 신호를 잘 읽지 못한다. 다른 사람들이 보내는 신호를 해독할 수 있을 정도로 특별한 재능을 부여 받은 이들은 그리 많지 않다. 때문에 누군가 고통을 명확하게 전달하고 있음에도 우리는 그 신호들을 자주 놓친다.

다음은 함께 일하는 동료들이 칭찬과 격려의 메시지가 필요하다고 보내는 몇가지 신호들이다.

낙심

낙심은 문자 그대로 '용기의 결여'다. 때때로 사람들은 시간이 지나면서 낙심한다. "왜 애를 써야하지? 별로 중요하지도 않은데"라거나 "이제는 포기할래. 그만두고 싶어"라는 말을 들을 때는 낙심이 시작되었음을 눈치채야 한다.

짜증과 저항

팀원들이 만성적으로 짜증을 낼 때는 대개 무언가에 속상했거나 화가 났음을 의미한다. 그 원인은 업무 때문일 수도 있고 개인적인 문제 때문일 수도 있다. 하지만 직원들이 저항감을 보일 때, 예를 들어 지시나 새로운 절차에 대한 저항 혹은 변화에 대한 저항을 보인다면 문제는 한층 심각하다. 직원들은 자신의 일에 대해 다른 사람들이 존중하지 않을 때 점점 더 화를 내거나 저항한다.

잦아지는 결근과 지각

어떤 사람들은 자신이 불행할 때 간접적인 메시지를 보낸다. 규칙적인 결근이나 계속적인 지각은 "여기서 일하고 싶지 않아요" 또는 "여기서는 정말로 존중 받는다는 느낌이 없어요"라고 간접적으로 말하는 것과 같다. 물론 상급자가 나서서 직접 결근이나 지각 문제를 처리해야 하겠지만, 그들이 조직에 정말로 소중한 존재임을 일깨워 주는 노력도 필요하다.

냉소와 빈정거림

우리는 직원들이 점점 냉소적이 되어 간다는 경영층의 우려를 자주 듣는다. 새로운 프로세스와 절차들에 대해 빈정거리는 반응은 아주 흔하다. 냉소와 빈정거림은 종종 내면에 숨겨진 분노와 불신을 드러내는 것이다. 하지만 지속적이고 진심어린 칭찬을 통해 사무실의 부정적인 분위기가 반전될 수 있다.

냉담함과 수동성

자신의 행동이 중요하지 않다고 생각하고, 시도하는 것마다 별 효과가 나타나지 않을 때 사람들은 수동적이 된다. 냉담함("내가 왜 해야 해?"라는 태도)은 종종 수동성을 낳는다. 상급자나 동료들이 자신이 하는 일을 인정해 주지 않을 때 직원들은 더 적은 노력을 기울인다. 팀원들 사이에 수동성이 증대되는 현상이 목격되면, 머지않아 업무 성과가 떨어질 것이므로 주의해야 한다.

인간관계 회피

인정받지 못하거나 팀의 일원이 아니라는 생각이 드는 동료가 보내는 명확한 경고 신호는 인간관계를 회피하는 것이다. 그는 점점 더 말을 하지 않고, 어울리지도 않고, 점심이나 일과 후에도 함께 나가자는 초대를 거절하고, 예전처럼 참여하지도 않고, 다른 팀원들과 거리를 둔다. 그들은 아무도 자신에게 관심이 없다고 생각하기 때문에 회피한다. 이러한 사람들은 더욱 격려해 주고 인정해 줄 필요가 있다.

부정적인 일터 환경

마지막으로, 전반적인 일터 환경에 부정적인 소통 방식의 낙인이 찍혔다면 그때는 모든 사람들이 격려와 칭찬을 강렬하게 원하고 있다는 신호다. 동료들 간의 긍정적인 말은 시간이 지나면서 신랄한 논평, 극심한 부정적인 반응들과 팀원들 간의 지나치게 비판적인 피드백을 감소시킨다. 하지만 그러기 위해서는 지속적이면서도 결연한 노력이 필요하다.

요약

주의를 기울이면, 동료들의 칭찬받고 싶어 하는 명확한 신호를 포착할 수 있다. 상대방의 칭찬의 언어와 구체적인 실행 조치들을 활용하면 원하는 목표를 달성하는 최상의 결과를 얻을 수 있다. 그렇게 하면 일터 환경의 사기진작에 도움이 될 뿐만 아니라 동료들이 팀의 소중한 일원이라고 느낄 수 있는 초석도 제공된다.

2. 자원봉사자들을 칭찬하는 방법

자원봉사자들은 격려와 칭찬을 전하기가 가장 쉬우면서도 가장 까다로운 팀원들이다. 대체로는 그들의 기대치가 그리 높지 않기 때문에 격려하기가 쉽다.(단, 청소년들은 예외다.) 그렇기 때문에 어떤 긍정적인 소통이라도 잘 받아들인다.

하지만 여러 가지 이유 때문에 칭찬하기가 좀처럼 수월치 않다. 첫째, 그들은 자주 방문하지 않는다. 주 1회나 월 1회, 혹은 특별한 행사 때만 온다. 게다가 자원봉사자들은 오자마자 해야 할 일들이 너무 많고, 상급자들은 많은 사람들을 관리해야 하기 때문에 너무 바쁘다. 둘째, 오랫동안 자원봉사를 하지 않는 한 상급자들이 자원봉사자 개개인을 모두 알 수가 없다. 그래서 그들을 격려하는 최선의 방법도 알 수 없다.

자원봉사자들에게 오리엔테이션의 일환으로 MBA 검사를 하고 칭찬의 언어 개념을 소개해 주면, 조직에 도움이 된다는 것을 우리는 발견했다. 우리는 조직의 회계년도가 시작될 때(예를 들면, 학년이 시작되는 때) 시작 과정의 하나로 이 모델을 성공적으로 사용해 왔다. 자원봉사자들을 격려하고 지원하는 방법이 궁금하다면, 당장 실천할 수 있는 방안들을 살펴보기 바란다.

- 이름을 외워서 불러 준다.
- 도착하면 마중하고, 일을 마치면 배웅한다.
- 눈을 보면서 이야기한다.
- 자주 긍정적인 말로 격려한다.
- 자주 즉각적으로 "고맙습니다"라고 말한다.
- 다른 사람들이 본받고자 하는 긍정적인 행위들을 강화한다.
- 그를 긍정적인 사례로 들어 이야기한다.
- 팀원들이나 서비스를 받고 있는 사람들 앞에서 그들을 칭찬한다.
- '잘한 일'에 대한 명확한 기준을 제시하고 기준을 달성하려고 애쓸 때마다 격려한다.
- 잘하고 좋아하는 일에 대해 물어보거나 파악한다. 가능하면 그들의 능력과 기호에 맞는 일을 맡긴다.
- 함께 일하면서 더 잘 알도록 노력한다.
- 일을 더 잘하도록 도울 수 있는 것이 무엇인지 물어본다.
- 조직에 더 큰 유대감을 느낄 수 있도록, 조직의 로고나 구호가 새겨진 조그

마한 선물을 준다.(하지만 그들에게 필요하거나 소중하게 여길 수 있는 것이어야 한다.)
- 혼자 일하기보다는 작은 팀을 이루어 일하도록 한다.
- 일과 중에나 일과 후에 스낵과 음료를 제공한다.
- 개인적인 시간을 가지면서 질문의 기회를 준다.
- 그들의 업무가 조직의 큰 목적에 어떻게 기여하는지, 당신이 하고자 하는 일에 어떤 도움을 주는지 알게 한다.

3. 의미 있는 선물을 주는 방법

일을 기초로 하는 관계에서 '선물 주기'는 대체로 과거의 일이 되었다. 특별한 일에 대한 기념(예를 들면 5년 근속), 생일 혹은 성과에 대한 칭찬으로 조직에서는 직원들에게 선물을 주곤 했다. 하지만 이런 관행들이 점점 사라지고 있다. 이러한 변화를 가져온 이유들은 다음과 같다.

- 과거에 받았던 수많은 의미 없는 선물들로 인해 선물에 대해 부정적인 이미지를 갖게 되었다.
- 대부분의 사람들은 이제 '물건'을 원하지 않는다.(누가 또 다른 머그잔을 원할까?)
- 사람들에게 의미 있는 선물은 흔히 비싸고 조직의 예산 한도를 초과한다.
- 오용된 사례들 때문에, 뇌물이나 과도한 영향력의 한 형태로 고소 당할까 두려워한다.
- 우리 대부분에게는 쇼핑할 시간과 에너지가 없다.

하지만 꽤 많은 사람들이 여전히 선물을 칭찬의 표현으로 소중하게 생각한다. 그렇다면 어떻게 그러한 욕구를 충족시킬 수 있을까? 여기서 몇 가지 아이디어를 제시하겠다.

1. 아직 파악하지 못했다면, 선물이 제1 혹은 제2 칭찬의 언어인 팀원들이 누구인지 파악한다.(주: 선물이 제1 칭찬의 언어인 사람들이 많지 않기 때문에, 팀 도표에서 제2 언어를 눈여겨보는 게 중요하다.) 가장 덜 중요하게 여기는 언어가 아닌 이상, 보통 사람들은 선물을 소중하게 여기면서도 다른 언어들을 더 소중하게 생각하는 경향이 있다.

2. 시간을 두고 동료들이 여유 시간에 즐겨하는 행동을 눈여겨본다. 그들의 관심사가 어디에 있는지 단서를 얻을 수 있을 것이다. 스포츠 관람(어떤 팀)을 즐기는지, 혹은 예술품, 야외 활동, 아니면 독서를 선호하는지를 살펴본다. 동시에 점심 식사나 디저트를 즐기기 위해 어디로 가는지 살핀다. 이때 직접 물어 볼 수도 있다.

3. 선물 언어의 장에서 언급했지만, 우리 문화에 속한 사람들은 물건보다 경험을 더 소중하게 생각한다. 보통 이러한 경험들에는 얼마간의 비용이 수반된다. 그래서 동료에게 선물을 주는 쉬운 방법은 그들이 즐길 수 있는 어떤 것을 경험할 수 있도록 자금을 제공하는 것이다. 단, 대부분은 현금을 주거나 받는 데 불편해 한다. 그래서 티켓이나 상품권을 주는 게 최선의 방법이다. 받는 사람의 관심사에 따라 휴양시설 이용권, 스포츠 행사의 상품권과 티켓은 소중하게 여겨질 수 있다.

4. 칭찬이 문제가 되는 경우

다음과 같은 상황에서는 동료들에게 한 칭찬과 격려가 역효과를 낳거나 더 큰 문제를 만들 수도 있다.

- 긴장 관계에 있을 때 : 과거에 업무 관계가 긴장 상태였을 경우, 이전의 문제를 해결하지 않고 칭찬하려고 하면 메시지를 냉담하게 받아들일 가능성이 높다.

- 너무 빨리 움직일 때 : 때로는 근무 시간에 동료들과 대화하기가 어려울 수 있다. 의사결정 때문에 충돌하거나 일을 잘못했다고 다그칠 수도 있다. 이러한 대화들이 올바른 것이기는 하지만, 너무 성급하게 태도를 바꾸어 칭찬하려고 하면 거북하게 느끼고 일관성이 없다고 생각할 가능성이 높다.

- 너무 빨리 변화할 때 : 어떤 사람들은 배운 내용에 긍정적으로 반응하려고 하다 보니 자신의 행동을 너무 갑작스럽게 변화시키려고 한다. 예를 들어, 예전에는 내성적이고 쌀쌀맞던 상급자가 더 외향적이 되라는 격려를 받고서 갑자기 야단스럽게 과장된 칭찬을 할 수 있다.

- 상황에 따라 다른 말을 할 때 : 사적인 대화에서는 팀원들 가운데 한 사람을 야단치다가 다른 사람들 앞에서 그를 칭찬할 경우, 두 얼굴을 가진 위선적인 인물로 보일 수 있다. 특별히 상급자 앞에서 그러한 메시지를 준다면 다른 사람들을 감동시키려고 애쓰는 것처럼 비칠 수 있다.

- 말과 표정이 다를 때 : 부모가 어린 아이에게 강제로 "잘못했습니다"라고 시킬 때, 그들의 목소리 톤과 마주치지 않는 눈 그리고 화가 난 표정을 보면 진심이 아닌 것을 금방 알아차린다. 칭찬하는 표정을 짓지 않고서 칭찬

을 하면 가식적인 인상만 준다.

- 칭찬 대상이 다른 사람들에 의해 '불타 버렸을' 때 : 불행하게도 많은 사람들이 어려운 삶, 곧 결손 가정에서 자랐거나 학대를 경험했거나 이전 고용주에게서 부당한 대우를 당하는 등의 삶을 살고 있다. 이 상황에 처했던 사람들은 흔히 자기 방어적이거나 의심이 많다. 그들은 다른 사람들의 긍정적인 행동은 무엇이든 자신을 이용하려는 의도로 간주한다.

- 칭찬의 메시지 이후에 감원이나 급여 삭감이 뒤따를 때 : 회사나 조직이 재정적인 어려움으로 인해 감원을 하거나 급여를 삭감할 경우, 격려나 낙관적이 되자는 노력은 아무 호응을 얻지 못한다. 직원들은 상처를 받고 불안해하며, 미래를 두려워하고, 절친한 동료를 잃게 되어 슬퍼할 수 있다. 이렇게 어려운 시기에 상급자가 지나치게 긍정적이 되려고 애를 쓰면 무감각하거나 무신경하게 인식될 수 있다.

이런 위험들은 어떻게 피할 수 있을까?

1. 동기를 점검한다. 정말로 진심어린 칭찬만 하려고 해야 한다.

2. 상황을 인식한다. 칭찬이나 격려가 보통은 유익하지만 기다리는 게 더 나은 때나 상황도 있다.

3. 신뢰할 만한 동료에게 점검해 본다. 반응이 의심스러울 때는 먼저 당신과 상황을 잘 알고 솔직한 피드백을 제공할 수 있는 사람과 접촉한다. 그리하면 메시지를 언제 혹은 어떻게 나누는 것이 최선인지에 대해 어느 정도 조언을 받을 수 있을 것이다.

4. 의심스러우면 기다린다. 항상 시간을 들여 상황을 파악하고 메시지가 잘 받

아들여질지 확인하는 일에는 기다릴 만한 가치가 있다. 의도한 효과를 얻지 못하는 성급한 메시지보다는 잘 전달되고 잘 받아들여지는, 지체된 메시지가 훨씬 더 낫다.

5. 가장 덜 중요하게 여기는 칭찬의 언어 파악하기

유능한 경영자는 팀원들의 욕구에 주목한다. 일반적으로 우리 대부분은 우리와 유사한 사람들과 잘 어울린다. 그래서 우리와 유사한 제1, 제2 칭찬의 언어를 가진 사람들을 격려하고 칭찬하는 일이 더 수월하다는 점은 말할 필요도 없다. 반대로 개인적으로 우리가 가장 덜 중요하게 여기는 언어로는 그만큼 효과적으로 칭찬하지 못한다. 이것은 특별히 경영자들에게 어려운 문제가 될 수 있다.

이 언어는 우리에게 자연스럽지 않다. 때문에 이 언어를 소중하게 생각하는 동료들이 보내는 미묘한 신호들을 놓치기 일쑤다. 그래서 팀원들이 중요하게 생각하는 방식으로 그들을 격려하고 칭찬하지 못하게 될 위험이 있다. 우리는 자신이 선호하는 언어로 소통하기를 좋아하지만 그들에게는 그 언어가 의미가 없을 수 있다.

문제는 시간이 흐르면서 이 동료들이 경시와 멸시를 당한다고 생각하는 경우다. 또한 계속 칭찬해 왔음에도 번번이 효과가 나오지 않게 되면 우리 역시 좌절하게 된다. 결국 이런 팀의 업무 성과는 나빠지고, 부정적인 말들만 무성하게 오가며, 심지어는 유능한 팀원들을 잃게 될 수도 있다. 다행스럽게도 이런 과정을 바꿀 수 있는 조치들이 있다.

1. 당신이 가장 덜 중요하게 여기는 언어가 당신에게 중요하지 않다는 사실을 인정할 뿐 아니라, 그것이 다른 사람들과 관계를 맺는데 잠재적인 아킬레스건(치명적인 약점)이 된다는 사실도 인정한다.
2. 당신이 가장 덜 중요하게 여기는 언어를 제1 혹은 제2 칭찬의 언어로 가진 동료들이 누구인지 파악한다.
3. 각각의 팀원에게 중요한 구체적인 활동(예컨대 인정하는 말) 목록을 작성한다. 쉽게 눈에 띄는 곳에 그 목록을 놓아둔다.
4. 활동 목록을 그 팀원에게 이로운 시간대와 함께 작성한다. (예를 들면, 주 단위로 기억할 수 있도록 일정을 수립하는 식이다.) 그렇게 하지 않으면 그들의 언어로 표현하는 것을 잊어버리기 쉽다.
5. 그들이 당신으로부터 지지를 받는다고 느끼는지, 혹은 더 나은 방식이 있는지에 대해 그들과 함께 점검한다.

이 모든 노력이 당신의 성장에도 필요한 일임을 명심하라. 말할 필요도 없이, 최선을 다해 일하지 않는 사람들이나 부정적인 환경을 조성하는 사람들, 불만족 때문에 이직을 하는 사람들을 팀원으로 둔 상급자들이나 경영자들은 업무 수행이 탁월하고 높은 생산성을 기록하는 장기 근속 팀원들의 상급자들이나 경영자들만큼 성공적으로 일할 수 없다. 그러므로 당신 자신이 가장 덜 중요하게 여기는 칭찬의 언어와 그 언어가 당신과 관계를 맺는 팀원과 동료들에게 미치는 영향력에 주목하는 것은 그 무엇보다 당신과 당신의 경력에 중요하다. 더불어 몇 가지 전향적인 조치들을 취하면, 이러한 맹점을 극복하고 보다 유능한 리더로 성장할 수 있는 기회가 된다.

6. 어색한 감정 요인을 인정하고 해결하기

Q 어색한 감정 요인이란 무엇인가?
A 어색한 감정 요인은 칭찬의 언어를 처음으로 도입하고 그 개념을 실행하려고 할 때 팀원들 가운데 생겨나는 일반적인 반응이다.

Q 칭찬 과정에서 어색하다고 느끼는 사람들이 보이는 가장 보편적인 신호는 무엇인가?
A 두려움이다. 두려움은 어색한 감정 요인에 연관된 가장 흔한 증상이다. "마지못해 어쩔 수 없이" 칭찬한다고 다른 사람들이 생각하리라는 두려움, 당신의 칭찬이 진실성과 진정성이 없다고 간주되리라는 두려움, 당신의 격려가 좋은 결과를 낳지 못하거나 긍정적으로 받아들여지지 않으리라는 두려움 등이 그러하다. 한편 어색한 감정 요인의 가장 보편적인 두 번째 측면은 거북함이다. 우리가 사람들에게 새로운 것을 시도해 보라고 하면, 대부분의 사람들은 부자연스럽게 느낀다.

Q 왜 그런 일이 일어나는가?
A 대부분의 사람들은 다른 사람들에게 긍정적으로 보이기를 원하지, 자신의

동기에 대해 의심받기를 원치 않는다. 그래서 올바른 이유에서 그것을 행했다고 다른 사람들이 생각할 때까지 그 행위를 미루는 경향이 있다. 둘째로 우리는 불편하다고 생각하는 무언가를 함으로써 스스로를 곤란한 지경에 빠뜨리고 싶어 하지 않는다. 그래서 '더 자연스럽다고 생각할' 때까지 기다린다. 하지만 지속적인 반복 실행이 없이는 그런 상황이 결코 오지 않는다.

Q 사람들이 경험하는 어색함을 줄일 방안이 없는가?

A 우선 그 어색함을 인정해야 한다. "좋아, 우리 모두는 어느 정도 이에 대해 어색한 감정을 느낄 수 있어." 그 후에는 과감하게 시도해야 한다. 기다린다고 어색한 감정이 사라지지는 않는다. 보통 우리는 사람들을 격려하기 위해 다음과 같은 도입문을 사용한다. "칭찬 프로젝트 때문에 제가 이런 행동을 한다고 당신이 생각할 수 있다는 사실을 저는 압니다. 하지만 저는 당신의 _____ 한 점을 진심으로 칭찬하고 싶습니다." 얼마 지나면, 훈련에 참가한 모든 사람들이 인간관계에서 새로운 행동을 시도할 것이다. 그러면 이것이 점차 규범이 된다.

Q 어색한 감정 요인에 대해 더 알아야 할 것이 있는가? 혹시 있다면 그에 대해선 어떻게 해야 하는가?

A 긴장을 풀고 걱정하지 말라. 끈기를 가지고 밀고 나가라. 당신이 맺고 있는 관계들에 이 개념을 적용하기 위해 무언가를 시도하라. 매일 이 모델을 실천하면, 실제로 더 빨리 어색한 감정이 사라진다. 두려움은 시간이 아니라 반복에 의해 사라지니 말이다. 마지막으로 동료들에게도 의심의 유익, 즉 그들이 동기가 바르고 진실하다고 여기는 경험을 기꺼이 제공하라. 칭찬이 일상적인 관행이 아닌 일터 환경에서 칭찬을 시도하려면 상당한 용기가 필요하다. 그러므로 그 노력에 대해 "고맙다"고 말해 주라!

7. 진정한 남자에겐 격려가 필요치 않다는 오해

때때로 우리는 함께 일하는 사람들로부터 "저는 격려 따윈 필요 없습니다.", "저는 일을 잘한다는 말을 별로 듣고 싶지 않습니다. 전 제 자신을 스스로 격려하니까요"라는 말을 듣곤 한다. 하지만 이런 독립적인 성향(보통 남성들)을 심층적으로 파고들어가 보면 그들이 격려나 칭찬에 대해 아주 협소한 정의를 내리고 있음을 발견한다.

보편적으로 그들은 이렇게 말한다. "직접적인 말로 칭찬을 받거나 다른 사람들이 보내는 찬사는 저에게 중요하지 않습니다." 이 말은 사실인지도 모른다. 그리고 대개 이런 유형은 다른 이들의 격려와 지지를 기대하기보다 자발적으로 동기부여하도록 학습되어 왔다. 물론 그 자체만으로는 좋은 일이다.

하지만 그 문제를 조금 다른 면에서 살펴보자. 첫째, 일은 그 자체가 어렵고 특별히 장기적으로는 더 어렵다는 사실을 인정할 필요가 있다. 그저 우리의 업무만 하면 일이 쉬울 수 있다. 하지만 실상은 우리의 일을 어렵게 만드는 외부의 다양한 문제와 장애물들이 존재한다. 다음은 우리에게 닥치는 어려움들의 목록이다.

- 컴퓨터 문제
- 정확한 때에 혹은 제대로 일을 마치지 못하는 동료
- 경쟁자들에게 고객을 빼앗기는 일
- 늦게 지불되는 급여

- 재정적인 어려움(모금 부족, 대출 거부 등)
- 직원 문제, 퇴직 문제
- 개인과 가족의 문제, 건강 문제
- 교통 문제(정체, 항공기 지연 등)
- 우편물과 이메일 분실
- 복사기와 프린터 오작동
- 일에 필요한 물자 부족
- 중요한 회의의 지연
- 경영층이 지시한 변화
- 판매와 모금에 부정적인 영향을 미치는 경제적 어려움
- 더 많은 일을 요구하는 정부의 규칙과 규정의 변화

우리는 매주 이런 문제들 중 한 가지 이상을 경험한다. 그리고 이로 인해 지칠수록 업무는 더욱 힘들어진다. 그러므로 인정해 주는 말이 별로 필요하지 않은 사람일지라도, 자신의 일을 수행하면서 얻게 되는 다양한 종류의 보상마저 제거해 버리면 상황은 너무나 황폐해진다. 우리 모두에게는 계속적인 격려가 필요하다. 자신의 일을 하면서 경험하는 다음과 같은 혜택들을 생각해 보라.

- 과업을 완수했을 때 느끼는 개인적인 행복감
- 새로운 고객을 소개하거나 일을 다시 맡겨줌
- 우리의 기량과 경험의 증가
- 더 나은 과업 수행 방법 학습(때로는 실수를 통해)
- 금전적 보상

- 이익 실현
- 고객들의 칭찬
- 다른 사람들의 찬사(동료, 협력사 직원, 고객, 경쟁자)
- 참신하고 개선된 재화와 서비스를 위한 나의 제안
- 공동체 안에서의 긍정적인 평판 형성
- 동료들의 인정(전문가 조직, 협회, 시민단체의 포상)
- 매체들의 보도(신문, 비즈니스 잡지, TV)
- 더 많은 사람들이 봉사할 수 있도록 사업과 조직을 성장시킬 수 있는 능력
- 높은 품질의 제품과 높은 수준의 서비스 제공
- 함께 시간을 보내고 싶다는 약속 전화(점심, 비즈니스 모임)
- 함께 일하는 사람들의 칭찬과 찬사

이제 실상을 점검해 보자. 첫째 목록에서 환경 요인들을 빼고, 둘째 목록에서는 모든 긍정적인 보상을 제거하라. 그리고 장기적으로 지치고 낙담하지 않을 수 있는지 솔직하게 말해 보라. 일에는 시간과 정신적, 육체적 에너지 그리고 정서적인 노력이 요구된다. 따라서 얼마간의 긍정적인 피드백이 없으면 우리는 탈진하고 만다.

우리 모두에겐 격려가 필요하다. 다만 다양한 방법으로 표현될 필요는 있다. 그러므로 "진정한 남자에게는 격려가 필요치 않다"라고 말하는 강인한 사람들의 말에 호도되어선 안 된다. 어쩌면 그는 다른 사람들만큼 칭찬의 말을 들을 필요가 없는지도 모른다. 하지만 이 경우에도 그의 진정한 언어가 무엇인지 파악해 보아야 한다. 어느 시점에서는 그에게도 약간의 격려가 필요할 테니 말이다.

8. 엄청난 비용 지불 없이 직원들을 보상하는 방법

오늘날 모든 유형의 기업과 조직이 맞이한 가장 큰 문제들 중 하나는 재정 부족이다. 이제 일반 기업들의 이윤이 줄어들고, 비영리 조직들은 기금 조성에 어려움을 겪으며, 정부 역시 예산을 감축할 수밖에 없는 세상에 진입했다. 사실상 모든 조직은 더 적은 돈으로 더 많은 일을 해야 한다. 이 사실이 조직 내 일선 직원은 물론 심지어는 자원봉사자와 경영자를 포함한 상급자 모두에게 엄청난 스트레스를 가한다.

급여와 상여금, 과거에는 일반적이었던 특전(회사 차량 이용, 스포츠 행사 티켓), 그리고 회사 파티를 위한 자원들마저 점점 줄어드는 추세다. 동시에 인력도 감축되어, 일인당 업무량은 자연스레 증가했다. 하지만 훈련이나 기술 수준 향상을 위한 예산은 삭감되는 등 투입되는 자원은 적어지고 해야 할 일은 많아져서 스트레스를 받을 수밖에 없는 상황이다. 이처럼 장기간에 걸친 스트레스는 에너지 소진과 낙담을 초래할 것이다.

의미 있는 칭찬하기

다음은 많은 돈을 들이지 않고도 칭찬과 격려를 전할 수 있는 효과적인 방법들이다.

1. 의사전달이 인격적이고 각 개인들에게 적절하게 전해지도록 한다. 효과적인 칭찬과 격려의 핵심은 진실한 의도로 시간을 들여 상대방을 인격적으로 생각했음을 상대방이 느끼는가의 여부에 달려 있다. 역으로 말하면, 전 조직의

모든 사람들에게 이메일로 "일을 잘해 주시니 고맙습니다"라고 써서 전 세계로 보내는 일은 아무런 효과가 없다는 말이다. 이때 대부분의 팀원들은 비인격성과 이메일 작성에 투입된 노력이 미미한 점을 인식하고서 부정적인 반응을 보인다.

2. 격려하고자 하는 사람의 언어로 말한다. 칭찬할 때 사용하는 행동이 그 사람에게 별 의미가 없다면 시간과 노력을 허비할 뿐이다. 이것이 바로 각 팀원들이 선호하는 칭찬의 언어를 파악하고 그들이 가장 소중하게 생각하는 구체적인 조치들을 식별하도록 MBA 검사 도구를 개발한 목적이다.

3. 사람들이 가장 소중하게 생각하는 칭찬의 언어에는 많은 비용이 소요되지 않는다. 확실히 거의 모든 사람들이 상여금이나 급여 인상을 좋아하지만, 대부분의 조직들에서는 그 일이 가능하지 않다. 개요를 말하자면, 일터에서 사람들이 칭찬을 경험하는 방법은 다음 5가지 범주에 속한다.

인정하는 말 / 함께하는 시간 / 봉사 / 선물 / 스킨십

이중 대부분은 재정적으로 별 비용이 소요되지 않는다. 선물의 경우도 마찬가지다.

- 일을 잘했을 때 상급자가 보낸 칭찬 메시지
- 사무실에 들러 몇 분 동안 머물다 가는 일
- 일에 짓눌린 자신을 구출해 달라는 신호를 감지하기
- 큰 프로젝트를 완수하고 받는 상품권
- 중요한 프레젠테이션을 마치고 난 후 동료들과 나누는 하이파이브

이중 어떤 것에도 많은 돈이 들지는 않는다. 핵심은 적절한 사람에게 적절한 시기에, 진심어린 마음으로 적절한 행동을 하는가의 여부다. 그리하면 함께 일하는 동료들을 효과적으로 격려할 수 있다.

9. 거의 모든 사람을 칭찬할 수 있는 10가지 방법

1. 칭찬의 말을 전한다.
   예 : _____ 해 주셔서 고맙습니다.

2. 이메일을 보낸다.
   예 : 당신이 _____을 해 주실 때마다 제겐 너무나 큰 도움이 되었습니다.

3. 잠깐 들러 동료가 어떻게 지내는지 살펴본다. 몇 분간 함께 잡담하거나 진행 중인 업무에 관해 묻는다.

4. 동료들과 함께 무언가를 한다. 예컨대 함께 식사한다.

5. 자원해서 작은 일이라도 해 준다.

6. 일하는 곳에 들러서 도와줄 만한 일이 없는지 살핀다.

7. 커피, 음료수, 스낵 등을 사 준다.

8. 스포츠와 여행, 취미 등 관심 분야의 잡지를 구해 준다.

9. 과업을 완수했을 때 하이파이브를 해 준다. 특별히 어려운 일을 해냈을 때나 오랜 시일이 걸린 업무를 마쳤을 때 축하와 격려를 아끼지 않는다.

10. 먼저 따뜻한 인사를 건넨다. "만나서 반가워요.", "요즘 어떠신지요?"라고 인사한다.

부록 2

칭찬을 위한 자기점검

칭찬을 위한 자기점검

chapter 1 칭찬을 통한 동기부여

1. 당신은 상급자로부터 몇 점 정도의 칭찬을 받고 있다고 생각하는가? (0-10점)
2. 당신은 동료들로부터 몇 점 정도의 칭찬을 받고 있다고 생각하는가? (0-10점)
3. 일을 하다 낙심될 때, 다른 사람의 어떤 행동이 가장 격려가 되는가?
4. 동료들을 칭찬하고 싶을 때, 당신은 일반적으로 어떤 방법을 사용하는가?
5. 당신과 동료들은 서로 칭찬하는 방법을 얼마나 잘 알고 있다고 생각하는가?
6. 칭찬하는 환경을 조성하기 위해 당신은 얼마나 관심을 기울여 방법을 찾고 있는가?

chapter 2 칭찬의 언어 no.1 인정하는 말

1. 한 주 동안 동료를 인정하는 말을 한 적이 있는가? 만약 했다면 당신은 뭐라고 말했고, 상대방은 이에 어떤 반응을 보였는가?
2. 한 주 동안 리더나 동료들로부터 인정하는 말을 들어 보았는가? 만약 들었다면 어떤 말을 들었는가? 느낌은 어땠는가?

3. 사람들에게서 인정하는 말을 듣는 것이 당신에게는 얼마나 중요한가?(0-10점)

4. 한 사람(동료나 직원)을 선택하여 앞으로 2주 동안 칭찬하는 말을 해 주도록 하라.

chapter 3 칭찬의 언어 no.2 함께하는 시간

1. 리더나 동료들과 함께하는 시간은 당신에게 얼마나 중요한가?(0-10점)

2. 만약 리더가 당신의 생각을 진심으로 듣기 원한다면, 어떤 제안을 하겠는가?

3. 동료들과 자유로운 시간을 가질 때, 그들의 개인적인 관심사들을 자주 물어보는가? 또한 당신의 관심사에 대해서도 그들이 묻기를 원하는가?

4. 한 주 동안 사람들과 '진지한 대화'를 해본 적이 있는가? 그 대화를 마친 후 느낌은 어땠는가?

5. 당신은 소그룹 대화나 일대일 대화를 선호하는가?

6. 아직 MBA 검사를 하지 못했다면, 이번 주에 실시해 보라.

7. 모든 팀원들이 검사를 하도록 제안해 보라. 그리고 그 결과를 나누면서 대화해 보라.

chapter 4 칭찬의 언어 no.3 봉사

1. 당신에게 봉사는 얼마나 중요한가?(0-10점)

2. 한 주 동안 당신이 받았던 봉사는 어떤 것들인가? 그때의 느낌은 어떠했는가?

3. 한 주 동안 당신이 동료들에게 했던 봉사는 어떤 것들인가? 그들이 어떻게 느꼈을 것이라고 생각하는가?

4. 리더라면 팀원들에게 다음과 같이 질문해 보라. "일을 더 수월하게 하도록 제가 도와드릴 게 있나요?" 그들이 요청한 것을 해 줄 수 있다면, 반드시 해 주도록 하라.

5. 동료들에게도 위와 같은 질문을 해 보라.

6. 돕는 사람들은 모두에게 유익하고 신나는 근무 환경을 조성한다. 이번 주 중에 동료들을 도와 줄 기회를 찾아보라.

chapter 5 칭찬의 언어 no.4 선물

1. 당신에게는 선물이 얼마나 중요한가?(0-10점)

2. 7점 이상이라면, 어떤 종류의 선물 받는 것을 가장 좋아하는가?

3. 지난해 동료들이나 상급자에게 받았던 선물은 무엇인가? 선물을 받을 때 기분은 어땠는가?

4. 지난해 동료들에게 어떤 선물을 주었는가? 선물을 받은 사람은 어떤 반응을 보였는가?

5. 진심으로 고마운 동료가 있는가? 그들이 다른 사람들에게 선물을 주는 것을 본 적이 있는가? 그렇다면, "감사의 표시로 당신에게 선물을 준다면, 어떤 종류의 선물이 좋겠어요?"라고 물어볼 수 있다. 아니면, 그들의 일상 대화를 경청해 파악할 수도 있다. 그들이 "이런 것이면 좋겠어요"라고 하면 메모해 놓았다가 선물을 살 때 참고하도록 하라.

chapter 6 칭찬의 언어 no.5 스킨십

1. 일터에서는 어떤 유형의 스킨십이 긍정적이라고 생각하는가?

2. 어떤 유형의 스킨십이 불편한가?

3. 동료들 가운데 "스킨십을 잘하는 사람"은 누구인가? 스킨십을 좋아하는 사람들은 일반적으로 다른 사람들에게 스킨십을 잘한다. 당신은 그들의 스킨십에 어떻게 화답했는가?

4. 어제와 오늘을 돌아볼 때, 다른 사람들에게 어떤 유형의 스킨십을 했는가? 그들이 어떤 반응을 보였는가?

5. 당신에게는 스킨십이 쉽지만, 당신이 스킨십을 할 때 피하는 듯한 사람은 누구였는가? 그렇게 생각하는 이유가 무엇인가?

6. 사람들로부터 불쾌한 스킨십을 받아 본 적이 있다면, 그것을 그 사람에게 알리라. 이것이 원하지 않은 스킨십을 중단시키는 가장 빠른 방법이다.

chapter 7 나의 칭찬의 언어 찾기

1. 당신의 제1 칭찬의 언어를 알고 있다면, 어떻게 알았는가? 당신의 제1 칭찬의 언어를 알지 못한다면 MBA 검사를 해 보도록 하라.

2. 가장 친한 동료의 제1 칭찬의 언어를 알고 있는가? 모른다면, 알 수 있는 가장 좋은 방법은 무엇일까?

3. 경영자나 상급자라면 부하직원에게 이 책을 읽혀 보라. 직원들이 MBA 검사를 하도록 하고 칭찬의 언어에 대해 함께 토의하도록 하라.

4. 경영자나 상급자가 MBA 개념에 아무 관심이 없으면, 동료들 가운데 2~3명을 선정하여 그들에게 이 책을 주고 MBA 검사를 권면해 보라.

5. 동료들이 별 관심을 보이지 않으면, 관계를 개선하고 싶은 동료 2~3명을 선택하고 다음 질문들에 답을 해 보라.

    a. 그들은 대부분 어떻게 다른 사람들을 칭찬하는가?
    b. 그들이 가장 많이 요구하는 것은 무엇인가?
    c. 최근에 가장 많이 불평하는 것은 무엇인가?

그들의 제1 칭찬의 언어를 '배운 것을 바탕으로 추측'하고 그 언어를 효과적으로 말하는 방법을 찾아보라.

chapter 8   자신에게 가장 덜 중요한 칭찬의 언어

1. 가장 덜 중요하게 여기는 칭찬의 언어는 무엇인가?

2. 가장 덜 중요하게 여기는 언어가 팀원들이나 동료들의 제1 언어로 MBA 검사 결과 나타났는가?

3. 동료에게 그 언어로 이야기한 것이 최근 언제인지 기억하는가? 다음 주 중 어느 시간에 그 사람의 제1 칭찬의 언어로 말하기 위한 계획을 세우겠는가? 그 시간을 달력에 기록해 놓도록 하라.

4. 상대방의 제1 칭찬의 언어로 이야기하면서 그의 반응을 주목해 보라. 칭찬에 쏟는 당신의 노력이 결실을 맺을 것이다.

chapter 9   시간이 지나면 칭찬의 언어가 바뀔까?

1. 당신의 삶에서 제1 칭찬의 언어가 바뀐 것 같았던 상황들을 기억할 수 있는가? 이러한 변화를 촉발시켰던 상황은 어떤 것이었는가?

2. 당신의 삶에서 개인적으로 고통스런 사건을 경험할 때, 동료들은 어떻게 지원해 주었는가? 그들의 지원이 소중했다고 생각하는가?

3. 다른 사람들로부터 받고 싶은 제1 칭찬의 언어나 실행 조치들이 변화되었다면, 함께 일하는 사람들에게 이 정보를 전달해 주었는가?

4. 당신과 동료들과의 관계에서 동료의 칭찬을 수용하지 못하게 만들었던 관계의 역학을 파악할 수 있는가?

5. 현 상급자와 이전의 상급자를 비교해 볼 때, 그들에게 받고 싶었던 칭찬의 언어에 차이가 있는가? 왜 그렇다고 생각하는가?

chapter 10   인정과 칭찬은 어떻게 다른가?

1. 당신의 회사는 탁월한 성과를 올렸거나 장기근속한 직원들을 인정해 주는 프로그램을 가지고 있는가?

2. 당신은 그런 인정과 보상을 받아 본 적이 있는가? 그런 인정을 받았을 때 느낌이 어떠했는가?

3. 인정과 칭찬 간의 차이를 설명해 보라.

4. 인정과 칭찬 가운데 선택한다면 무엇을 선택하겠는가? 그 이유는?

5. 개인 생활에 힘든 시기를 겪고 있을 때 상급자나 동료로부터 칭찬을 받아 본 적이 있는가? 그들이 어떻게 했는가? 어떤 느낌이 들었는가?

6. 힘든 시기를 겪고 있는 동료를 칭찬해 본 적이 있는가? 어떤 칭찬을 해 주었고 그들의 반응은 어떠했는가?

7. 당신이 속한 조직의 분위기 개선 방법 한 가지를 제안해 보라. 조직 내에서 그 제안을 실행시킬 능력이 있는 사람에게 실제로 그 제안을 하는 것이 가능한가?

chapter 11 칭찬과 격려는 과연 효과적인가?

1. 만약 당신이 경영자라면 지난해 이직한 직원들을 생각해 보라. 퇴직자 면접을 통해 그들이 이직하는 이유를 조사해 보았는가?(해 보지 않았다면, 지금이라도 해 보는 것이 유익할 것이다.)

2. 이직 이유를 안다면, 그들이 말한 것에 대해 어떤 조치를 하였는가?

3. 직원의 직무만족도가 고객만족도에 영향을 미친다는 사실을 안다면, 직원들의 직무만족도를 아는 것이 얼마나 중요하다고 생각하는가?

4. 당신의 회사는 지난 2년 동안 직원들의 직무만족도를 조사해 본 적이 있는가?

5. 칭찬받는다는 것이 직원들의 직무만족도에 영향을 주는 요인들 중 하나라면, MBA 검사를 소개할 생각은 해 보았는가? 그 이유는?

chapter 12 왜 칭찬이 어려운가?

1. MBA 개념을 실행하는데 분주함이 어느 정도 방해가 되는가?(0-10점) 분주함이 중요한 문제라면, 앞으로 6개월 동안 효과적으로 칭찬하기 위한 학습을 우선순위로 정하겠는가?

2. MBA가 조직의 근무 분위기를 얼마나 개선시켰다고 생각하는가?(0-10점) 강력한 동기가 부여되었다면, 다른 사람들도 이 일에 참여하게 하기 위해 어떤 일을 하겠는가?

3. MBA가 당신의 조직에는 통하지 않을 것이라고 생각하는가? 그 이유는? 최소한 동료들 가운데 한 사람과 그 개념을 놓고 토의하면서 의견을 들어 보지 않겠는가?

4. 이미 맡고 있는 임무가 얼마나 과중하다고 생각하는가?(0-10점) 매우 과중하다면, MBA 개념을 실행할 적기는 아니다. 하지만 어떤 동료를 보다 효과적으로 칭찬하기 위해 적어도 그 동료의 제1 칭찬의 언어를 배워 볼 수는 있을 것이다.

5. 당신의 조직에서 효과적 칭찬을 저해하는 구조적 혹은 절차적 문제들이 발견되는가? 그렇다면 이 장에 제시된 문제 극복 방안들을 실천해 보기 바란다.

6. 동료들을 칭찬해 주는 것에 대해 느끼는 개인적인 불편함은 어느 정도인가? (0-10점) 불편함의 정도가 크다면 왜 그런지 이유를 알 수 있는가? 불편함의 정도를 낮추기 위해 무엇을 할 수 있는가? 아무 조치를 하지 않은 것보다는 '어린아이와 같은 발걸음'이라도 떼는 것이 더 낫다.

chapter 13 칭찬할 수 없을 때는 어떻게 해야 하나?

1. 당신이 진심으로 칭찬해 주기 어려운 팀원들이 있는가?

2. 당신이 정말로 칭찬할 수 없는 리더나 동료들이 있는가?

내적 문제들

3. 다음 과정을 진지하게 따라주기 바란다. 메모할 종이를 준비하여 상단에 칭찬할 수 없는 한 사람의 이름을 쓰라.(한 사람 이상이면 종이를 추가하도록 한다.) 다음 질문에 답하면서 칭찬을 하지 못하는 것이 내적 문제들에서 연유했는지 그 가능성을 살펴보라.

   a. 그 직원에 대해 비현실적인 기대치를 가진 것은 아닌가?
   b. 그 사람에 대한 개인적인 짜증에서 나온 것은 아닌가? 만일 그렇다면, 짜증나게 만드는 것은 구체적으로 무엇인가?
      - 짜증나게 하는 그 점들을 그 사람이 고칠 가능성이 있는가?
      - 그것을 그저 그 사람의 일부로 받아들이고 짜증나게 하는 점들이 발견될지라도 그들이 하는 일에 대해 칭찬할 수 있는가?
   c. 직원들이 하는 일에 대한 정보 부족 때문에 짜증이 난 것은 아닌가?

외적인 문제들

4. 칭찬할 수 없는 이유가 그 사람이 자신의 일을 제대로 하지 못하기 때문이라고 결론지었는가? 대답이 '그렇다'라면, 그들의 능력을 발휘하지 못하도록 막는 것이 무엇인지 알아보기 위해 그 직원과 기꺼이 대화를 해 보지 않겠는가?

5. 혹시 그 사람이 자신의 임무에 맞는 훈련을 받지 못했기 때문이 아닐까? 만약 그렇다면, 그들이 필요한 훈련을 받을 수 있도록 어떤 조치를 취하겠는가?

6. 만약 조직의 효과적인 평가, 피드백, 교정 지침 절차가 제대로 작동하지 않는다면, 당신은 이를 위해 어떤 조치를 취하겠는가?

7. 만약 당신이 경영자라면, 당신 자신의 리더십 역량 증진을 위해 경영자 코치와 함께하는 훈련 시간을 가질 생각은 없는가?

chapter 14 다양한 분야에서의 칭찬의 언어

1. 다음 항목 가운데, 당신이 소속된 분야는? (가장 근접한 분야)
비영리 조직 ㅣ 금융서비스업 ㅣ 가족소유 기업 ㅣ 공립학교 ㅣ 사립학교 ㅣ 대학교 ㅣ 병원 ㅣ 교회 ㅣ 종교 기관 ㅣ 제조 회사 ㅣ 법 집행 기관 ㅣ 정부 기관 ㅣ 호텔 ㅣ 식당 ㅣ 회계사 ㅣ 기타

2. 당신의 일터에서, 가장 큰 어려움은 무엇인가?

3. 당신의 직장에서 가장 깊은 만족감을 주는 것은 무엇인가?

4. 직장에서 사기가 떨어지지 않도록 노력할 때, 가장 낙심하게 만드는 것은 무엇인가?

5. 칭찬의 언어가 당신의 일터 분위기를 어떻게 개선시킬 수 있다고 생각하는가?

chapter 15 자원봉사 환경에서의 칭찬의 언어

자원봉사자들

1. 자원봉사자라면, 관리자로부터 받는 칭찬은 몇 점이나 되는가?(0-10점) 관리자가 어떻게 해야 그 점수가 높아질까?

2. 다른 자원봉사자들과 친밀하게 일하는가? 그렇다면 그 사람들의 이름들을 기록하고 그들이 느낄 것 같은 칭찬의 점수를 개인별로 매겨 보라. 어떻게 하면 그 점수가 높아질까?

3. 자원봉사를 하면서 당신의 관리자에게 칭찬의 말을 한 적이 최근 언제인가? 어떻게 칭찬을 했는가? 관리자가 당신의 칭찬을 어떻게 받아들였을 것 같은가?

4. 같은 자원봉사자들에게 칭찬의 말을 한 적이 최근 언제인가? 어떻게 칭찬을 했는가? 동료 자원봉사자가 당신의 칭찬을 어떻게 받아들였을 것 같은가?

5. 자신의 제1 칭찬의 언어가 무엇인지 아는가? 모른다면 MBA 검사를 고려해 보기 바란다.

6. 관리자와 동료들의 제1 칭찬의 언어를 알고 있는가? 모른다면 MBA 검사를 권면해 보거나 이 책을 소개해 주기 바란다.

관리자와 경영자들

1. 자원봉사자들을 관리하면서 가장 큰 어려움은 무엇이었는가?

2. 당신의 조직은 자원봉사자들을 칭찬하기 위해 어떻게 하는가? 자원봉사들의 업무 만족도를 측정하는 방법은 무엇인가?

3. 진심어린 칭찬이 직무만족에 아주 중요한 요인이므로, 서로의 칭찬의 언어를 이해할 수 있도록 자원봉사자들에게 MBA 검사를 권장하는 것이 어떻겠는가?

4. 자원봉사자들의 역할이 조직 전체의 목표 달성에 얼마나 중요한지 그들에게 충분히 말해 주고 있는가? 그들이 수행하는 일이 조직에 '도움이 된다' 라는 인식을 높이기 위해 무엇을 할 수 있는가?

5. 자원봉사자들이 동료 자원봉사자들, 자신들이 섬기는 사람들, 그리고 직원들과 유대감을 느낀다고 생각하는가? 자원봉사자들의 유대감을 강화시키기 위해 무엇을 할 수 있는가?

이 책에 대하여...

『5가지 사랑의 언어』를 쓸 때는 그 책이 600만 권이나 팔리고 전 세계 40여개 언어로 번역될 줄 생각지도 못했다. 다만 나는 '5가지 사랑의 언어 개념'이 결혼생활을 획기적으로 고양시킬 잠재력을 가지고 있다고는 생각했다. 카운슬러 일을 막 시작하던 때, 나는 어떤 이에겐 사랑 받는다고 느끼게 하는 부분이 반드시 다른 이에게도 같은 느낌을 선사하지는 않는다는 점을 알게 되었다. 또 많은 부부들이 사랑을 진지하게 표현함에도 상대방의 제1 사랑의 언어로 그 감정을 전달하지 않기 때문에 정서적으로 소통하지 못한다는 사실도 발견했다.

여러 나라에서 결혼생활 세미나를 이끌다 보면, 거의 매주 이런 말을 듣게 된다. "우리 부부는 이혼을 놓고 심각하게 고민하던 중이었습니다. 그때 마침 누군가 당신의 책을 권했습니다. 그리고 책을 읽은 후, 놀랍게도 우리의 결혼생활이 원만해졌습니다." 행복한 결혼생활을 위해서는 반드시 사랑이라는 정서적 요구가 채워져야 한다. 그러한 요구가 충족되지 않을 때 결혼생활은 점점 파탄으로 치닫게 된다. 반면에 부부들이 서로 사랑받는다고 느끼게 되면 그 결혼생활은 긍정적이며 나머지 모든 삶에도 영향을 끼친다.

지난 15년 동안 많은 사람들이 자신의 직장에서 5가지 사랑의 언어 개념을 적용한다고 말했다. 어떤 관리자는 "저희들은 5가지 사랑의 언어를 사랑의 언어라고 말하지 않습니다. 대신에 칭찬의 언어라고 말합니다. 하지만 동일한 개념이고 실제적으로 강력합니다. 저희 사무실 근무 분위기를 획기적으로 고양시켜 주었으니까요. 직원들은 더 행복해졌고 생산성도 그만큼 높아졌습니다"라고 말했다.

많은 사람들이 나에게 칭찬의 언어와 이로 인해 높아진 직원 만족도와 생산성 향상에 관해 책을 쓰라고 권했다. 그러나 나의 경험은 어디까지나 결혼과 가족 카운슬링에 국한되어 있었기 때문에 학문적 배경과 비즈니스 경험을 가진 공저자를 찾으려 노력했다. 그러다가 폴 화이트 박사(Dr. Paul White)를 만나면서 바로 이 사람이 적임자라고 생각했다. 지난 몇 년 동안 화이트 박사는 가족 소유 기업이 다음 세대에게 효과적으로 이양되도록 도와주는 컨설팅을 했다. 그 과정에서 화이트 박사는 다양한 사업 분야의 수많은 기업 리더들과 친밀한 만남을 가졌다.

지난 3년간, 화이트 박사와 나는 칭찬을 통한 동기부여 프로젝트를 함께 수행했다. 우린 먼저 직원 개개인들이 자신들의 제1, 제2 칭찬의 언어와 가장 덜 중요하게 여기는 언어를 발견할 수 있도록 칭찬을 통한 동기부여(MBA: Motivating By Appreciation) 검사 도구를 만들었다. 화이트 박사는 이 MBA 검사를 사용하여 다양한 조직과 기업들을 대상으로 시험 프로젝트들을 수행했다. 피드백은 놀라울 정도로 고무적이었다. 우리는 어떤 직원이 칭찬받는다는 느낌을 갖도록 하는 것이 다른 직원에게는 별다른 효과를 발휘하지 않음을 기업 환경에서 실제로 확인하게 되었다. 하지만 상급자나 동료가 어떤 개인의 제1 칭찬의 언어를 말해 줄 때에 나타나는 결과는 참으로 놀라웠다. 그 결과, 크게 고무된 마음으로 『5가지 칭찬의 언어』를 내놓는다. 수많은 기업의 리더들이 이 책과 MBA 검사를 활용하여 직원들의 제1 칭찬 언어로 말하는 법을 배움으로써 근무 분위기가 더 좋아지고 생산성이 높아지기를 바란다.

이 책을 통해서 직원들이 진심으로 칭찬을 받는 근무 환경을 조성할 뿐만 아니라 그 칭찬에 힘입어 한결 새로워진 충성심으로 더 헌신적으로 일하는 직원들이 나오게 되기를 충심으로 기원한다.

_ 게리 채프먼

주

머리말
1. Mike Robbins, *Focus on the Good Stuff: The Power of Appreciation* (San Francisco: Jossey-Bass, 2000), 32.

Chapter 1
1. Jan Watson and Christine Lapointe, "Motivation through Recognition & Reward," *Review of Ophthalmology* 12 (May 16, 2005): 29-30.
2. Steven R. Covey, *The 7 Habits of Highly Effective People* (New York:Free Press, 1989), 241.
3. Marcus Buckingham and Donald O. Clifton, *Now, Discover Your Strengths* (New York: Free Press, 2001), 171.

Chapter 6
1. Robert T. Golembiewski, *Handbook of Organizational Consultation*, 2nd ed. (New York: Marcel Dekker, 2000).
2. Jonathan Levav and Jennifer J. Argo, "Physical Contact and Financial Risk Taking," *Psychological Science* vol. 21, no. 6 (June 2010).

Chapter 11
1. Leigh Branham, *The 7 Hidden Reasons Employees Leave: How to Recognize the Subtle Signs and Act before It's Too Late* (New York:AMACOM, 2005), 24.
2. Gallup Q4 in FSA, US Department of Agriculture Farm and Foreign Agricultural Services; http://hr.ffas.usda.gov/Internet/FSA_File/q4.doc.
3. Subhasn C. Kundu and Jay A. Vora, "Creating a Talented Workforce for Delivering Service Quality," *Human Resource Planning* 27, no. 2 (2004):40-51.
4. John R. Darling and Michael J. Keeffe, "Entrepreneurial Leadership Strategies and Values: Keys to Operational Excellence," *Journal of Small Business and Entrepreneurship* 20 (2007): 41-54.
5. Fred Luthans, Kyle W. Luthans, Richard M. Hodgetts, and Brett C. Luthans, "Positive Approach to Leadership (PAL) Implications for Today's Organizations," *Journal of Leadership Studies* 8 (2001): 3-20.
6. Paul E. Spector, *Job Satisfaction: Application, Assessment, Causes, and Consequences* (Thousand Oaks, CA: Sage Publications, 1997); Gary P. Latham, ed., *Work Motivation: History, Theory, Research, and Practice* (Thousand Oaks, CA: Sage Publications, 2007).
7. Sami M. Abbasi and Kenneth W. Hollman, "Turnover: The Real Bottom Line," *Public Personnel Management* (2000): 29.
8. J. Fitz-Eng, "It's Costly to Lose Good Employees," *Workforce* (August 1997) : 50.
9. T. Oh, "Employee Retention: Managing Your Turnover Drivers," HR Focus 73, no. 3 (March 1996): 12.
10. Gary E. Weiss and Sean A. Lincoln, "Departing Employee Can Be Nightmare," *Electronic News* (1991, reprinted March 16, 1998): 1.
11. Rudy Karsan, "Calculating the Cost of Turnover," *Employment Relations Today* 34 (2007) : 33-36.
12. Brian S. Young, Stephen Worchel, and David J. Woehr, "Organizational Commitment among Public Service Employees," *Public Personnel Management* 27, no. 3 (1998): 339-48.
13. Jeffrey Pfeffer, *The Human Equation: Building Profits by Putting People First* (Boston: Harvard Business School, 1998).

Chapter 12
1. Steven R. Covey, A. Roger Merrill, and Rebecca R. Merrill, *First Things First* (New York: Fireside, 1994).
2. Steven R. Covey, *The 7 Habits of Highly Effective People* (New York:Fireside, 1989).
3. Richard S. Allen and Marilyn M. Helms, "Employee Perceptions of the Relationship between Strategy, Rewards and Organizational Performance," *Journal of Business Strategies* 1 (2002)

Chapter 14
1. Robert Roy Johnson, "Supervising with Emotion," *Law & Order* 55, no. 2 (2007): 12-14.
2. Nona Momeni, "The Relation between Managers' Emotional Intelligence and the Organizational Climate They Create," *Public Personnel Management* 38 (2009).
3. Michael D. Akers and Grover L. Porter, "Your EQ skills: Got what it takes- So you thought the CPA exam was your last test- Read on," *Journal of Accountancy* 195 (2003): 65-66.

Chapter 15
1. John Wilson, "Volunteering," *Annual Review of Sociology* 26 (2000): 215-40.

사명선언문

너희가 흠이 없고 순전하여……세상에서 그들 가운데 빛들로
나타내며 생명의 말씀을 밝혀 _ 빌 2:15-16

1. 생명을 담겠습니다
만드는 책에 주님 주신 생명을 담겠습니다.
그 책으로 복음을 선포하겠습니다.

2. 말씀을 밝히겠습니다
생명의 근본은 말씀입니다.
말씀을 밝혀 성도와 교회의 성장을 돕겠습니다.

3. 빛이 되겠습니다
시대와 영혼의 어두움을 밝혀 주님 앞으로 이끄는
빛이 되는 책을 만들겠습니다.

4. 순전히 행하겠습니다
책을 만들고 전하는 일과 경영하는 일에 부끄러움이 없는
정직함으로 행하겠습니다.

5. 끝까지 전파하겠습니다
모든 사람에게, 땅 끝까지, 주님 오시는 그날까지
복음을 전하는 사명을 다하겠습니다.

서점 안내

광화문점 서울시 종로구 새문안로 69 구세군회관 1층
02)737-2288 / 02)737-4623(F)

강남점 서울시 서초구 신반포로 177 반포쇼핑타운 3동 2층
02)595-1211 / 02)595-3549(F)

구로점 서울시 동작구 시흥대로 602, 3층 302호
02)858-8744 / 02)838-0653(F)

노원점 서울시 노원구 동일로 1366 삼봉빌딩 지하 1층
02)938-7979 / 02)3391-6169(F)

일산점 경기도 고양시 일산서구 중앙로 1391 레이크타운 지하 1층
031)916-8787 / 031)916-8788(F)

의정부점 경기도 의정부시 청사로47번길 12 성산타워 3층
031)845-0600 / 031)852-6930(F)

인터넷서점 www.lifebook.co.kr